JOURNAL

D'UN VOLONTAIRE

DE GARIBALDI

JOURNAL
D'UN VOLONTAIRE
DE GARIBALDI

PAR

ÉMILE MAISON

« L'Italie sera libre. »
Daniel Manin.

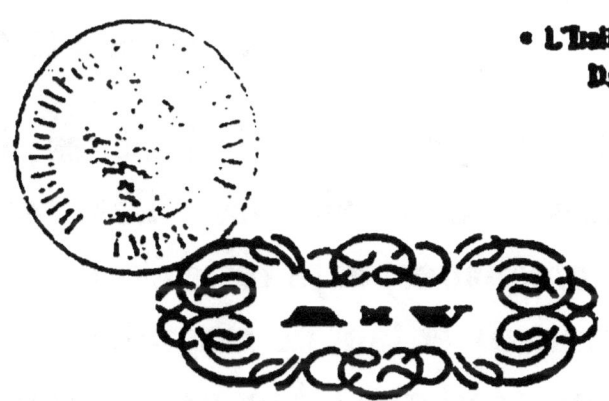

PARIS

ARNAULD DE VRESSE, ÉDITEUR
55, RUE DE RIVOLI, 55

1861

JOURNAL

D'UN VOLONTAIRE

DE GARIBALDI

Gênes, le 6 août 1860.

Depuis quatre jours, je suis à Gênes ; je visite ses églises, ses palais, ses villas, ses jardins, ses promenades, et je reste ébloui devant tant de grandeur et tant de magnificence.

C'est à bon droit que Gênes a été nommée la *Superbe*, mais ce n'est pas seulement à cause de ses admirables monuments, de la beauté de ses femmes, si poétiques avec leur long voile blanc, qu'elle a mérité ce surnom, et le patriotisme de ses enfants, qui, se souvenant de leur glorieux passé, s'en vont en foule servir sous les drapeaux de Garibaldi, son fils adoptif, restera toujours son plus noble titre de gloire.

De nombreux volontaires accourus à la voix de Garibaldi des points les plus éloignés du globe remplissent les rues de la ville. Leurs chants patriotiques, leur air joyeux et martial, l'enthousiasme qui brille dans leurs regards, répandent autour d'eux comme une sorte de fièvre héroïque.

C'est à l'*Acqua sola* qu'ils se réunissent avant de partir. Là, ils échangent avec leurs fiancées ou leurs maîtresses un dernier mot d'amour, un dernier serment, et, qui sait? un éternel adieu peut-être. Mais qu'importe? un peuple frémissant attend d'eux sa délivrance : la liberté a besoin de leurs bras, et ils s'élancent en avant, non sans regret, mais sans faiblesse.

Gênes, le 7 août 1860.

J'apprends à l'instant qu'une forte expédition de volontaires, sous le commandement du général Pianciani, doit s'embarquer cette nuit à Saint-Pierre-d'Arêne. Je me rends immédiatement au comité central, chez M. Augustin Bertani, où j'obtiens mon passage à bord du *Général Abbatucci*, vapeur de la Compagnie Frayssinet, de Marseille, nolisé pour le compte du comité.

À minuit, je me rends au port d'embarquement.

Personne n'a manqué au rendez-vous, et tous attendent avec une égale impatience le signal du départ.

Rien d'attendrissant comme la scène qui précède ce moment suprême. Une foule de parents et d'amis ont accompagné les volontaires. Les mains se cherchent et se pressent, les regards se fuient pour cacher une émotion trop naturelle : quelques paroles brèves s'échangent à voix basse. Plusieurs mères sont même venues jusqu'ici avec leurs fils, montrant ainsi qu'elles savent sacrifier leurs plus chères affections au salut d'une autre mère qui s'appelle la patrie.

Avant de prendre place dans les canots, un des colonels qui commandaient l'expédition nous adresse ces quelques mots :

« Mes enfants, là-bas, vous supporterez mille privations; vous endurerez mille fatigues; vous courrez mille dangers, et bon nombre d'entre vous y trouveront probablement la mort. Si cette perspective vous effraye, retournez chez vous pendant qu'il en est temps encore.

« Vive Garibaldi! » s'écrie la foule, pour unique réponse.

Au lieu de monter à bord du *Général Abbatucci*, je me trouve, sans m'en apercevoir, placé sur le *Torino*, grand transport de la marine génoise. Je ne tarde pas à y rencontrer sept compatriotes qui s'en vont, comme moi, faire la guerre au tyran des Deux-Siciles. Cette rencontre m'engage à rester sur ce bâtiment.

En mer, le 8 août.

A six heures, le *Torino* lève l'ancre. Le temps est splendide, et la Méditerranée ne m'a jamais paru aussi calme.

Je jette un dernier regard sur Gênes, et

j'admire encore une fois son aspect véritablement féerique.

Vers midi, notre colonel, M. Ebear (Hongrois d'origine), donne l'ordre au commandant du navire de nous conduire au golfe de *Terra Nova*, dans l'île de Sardaigne.

Cet ordre cache évidemment un mystère; mais lequel? personne ne peut me l'expliquer. Peut-être serai-je plus heureux demain en descendant à terre.

Il y a à bord mille quatre cent soixante-quatorze volontaires, y compris les officiers; tous sont brûlés de cette ardeur patriotique qui annonce d'avance une victoire certaine. L'enthousiasme est à son comble à bord du *Torino*, et les cris de : Vive Garibaldi! Vive l'Italie! Vive Victor-Emmanuel! s'y font entendre sans interruption.

Notre transport est une nouvelle Babel : Italiens, Anglais, Espagnols, Allemands, voire même un jeune Monténégrin, ancien officier de cavalerie dans l'armée russe, couvrent son pont fragile, et n'expriment qu'un seul sentiment en vingt dialectes différents. Cette réu-

1.

nion d'hommes de tous pays prouve bien que ce n'est pas seulement la cause de l'Italie que nous allons défendre, mais la cause de la liberté elle-même, qui intéresse tous les hommes et toutes les nations.

Terra Nova (île de Sardaigne), le 9 août.

A dix heures, nous entrons dans le golfe de *Terra Nova*, où, une heure après, nous sommes rejoints par le vapeur français l'*Isère* et par le navire anglais l'*Amazone*, tous deux contenant aussi des volontaires. — Un petit navire de guerre sarde surveille nos mouvements.

A midi, nous commençons à débarquer sur une plage presque complétement déserte et stérile; je dis *presque*, car je vois une habitation occupée par un naturel d'aspect assez inculte. Moyennant un franc, cependant, il me cède un poulet microscopique, que je fais rôtir, non sans mettre le feu à une forêt lilliputienne d'arbres rabougris.

Jamais je n'oublierai ma première nuit de

campement ou de bivac; car c'est seulement d'aujourd'hui que date le commencement de ma vie d'aventures. Pourrait-on voir, du reste, un plus beau spectacle que celui de ces feux immenses, trouant, à des intervalles rapprochés, les ténèbres épaisses? Des hommes aux types les plus divers, jeunes pour la plupart, appartenant aux classes les plus opposées de la société, les entourent en formant des groupes pittoresques, et le reflet rougeâtre des flammes tremblantes leur donne un caractère étrange et fantastique, plein d'un attrait saisissant.

J'entends dire que nous devons former à Terra Nova une expédition contre les États romains (dans l'Ombrie et dans les Marches) sous le commandement du général Pianciani. « Tant mieux! » s'écrient les volontaires; et, pour mon compte, je dois avouer que je suis dévoré du désir de me mesurer avec les papalins.

Terra Nova, le 10 août.

Je passe ma matinée à recueillir sur le rivage quelques petits morceaux de corail auxquels leur couleur rose donne, m'assure-t-on, une grande valeur.

D'autres volontaires s'en vont à la chasse aux tortues. Au bout de deux heures ils reviennent chargés de trois de ces intéressantes bêtes, qui, aussitôt, sont dépouillées de leurs carapaces et mises dans la marmite, à la grande satisfaction de nos estomacs délabrés.

Après déjeuner, nous faisons une exploration dans l'île, dont les beautés grandioses et tout à fait inconnues m'ont laissé un souvenir ineffaçable.

De retour au camp, nous apprenons que le colonel Ebear a reçu contre ordre, et que l'expédition ira directement à Palerme, et, de là, à Melazzo, où le gros de l'armée se concentre afin de pouvoir, à un moment donné, se porter sur Messine, puis en Calabre, où tout est déjà préparé pour nous recevoir et assurer le succès des plans de notre héroïque général.

A cinq heures, nous retournons sur nos bâtiments respectifs.

En mer, le 11 août.

A l'aube du jour, notre navire se met en marche pour Palerme, avec l'aide d'un bon vent.

Palerme, le 12 août.

En me levant, j'aperçois déjà la terre de Sicile, que j'accueille d'un sympathique salut.

A onze heures, nous entrons dans le port, si vaste et si beau, qu'il a donné son nom à la ville : — *Panormos* (tout port).

Palerme repose dans une position ravissante. De tous côtés, le spectacle de la mer, des montagnes et des collines, offre de pittoresques et délicieux points de vue.

A midi, nous débarquons, et je me hâte de parcourir la ville. Les rues et les maisons en ruine de Palerme présentent un aspect navrant, qui dépasse mon attente.

Tout indique encore, comme au premier jour, la trace du bombardement..... souvenir vivant du crime odieux commis par les soldats de Bomba II. Au reste, ce crime n'est pas le seul qu'ils aient à se reprocher : l'histoire, un jour, révélera ce que furent les sbires napolitains; elle racontera leurs exploits; elle dira qu'ici même des femmes furent violées et brûlées publiquement; que des enfants à la mamelle teignirent de leur sang les baïonnettes des soldats royalistes.

On parlera aussi de ces instruments de torture trouvés dans les prisons de la ville, instruments auxquels étaient encore attachés des lambeaux de chair humaine! De ces squelettes mutilés, suspendus à la voûte par d'énormes chaînes!!..... Et qu'on n'aille pas croire à des calomnies, ou seulement à de l'exagération : non, ces faits sont vrais, entièrement vrais; et la réalité dépasse, pour cette fois, ce que l'imagination pourrait inventer de plus affreux.

Moi aussi, avant d'arriver à Palerme, j'hésitais à admettre l'exactitude de certains détails; mais aujourd'hui, je ne doute plus, je sais!

Au reste, une plume plus exercée que la mienne a déjà retracé un tableau fidèle des horreurs accomplies en Sicile, par les agents du gouvernement, avant et pendant les journées néfastes de la révolution. Je renvoie les lecteurs incrédules à l'ouvrage de M. Ch. de la Varenne[1].

Au premier abord, on prendrait volontiers les Palermitains pour des sourds-muets, tant ils prodiguent les signes en parlant, si on ne se rappelait bien vite que les gestes expressifs et nombreux sont un des besoins des peuples méridionaux.

Palerme est une de ces villes comme l'imagination se plaît à les élever, alors que la jeunesse emplit votre cerveau de poétiques visions. A la vérité, elle n'a guère que deux belles rues, la *via Toleda* et la *via Macqueda*; mais toutes les maisons portent un tel cachet

---

[1] La *Torture en Sicile*, par M Ch. de la Varenne.

de grandeur, que l'œil du voyageur en reste ébloui.

Quelles que soient plus tard les villes que ma bonne ou mauvaise étoile me fera voir, je suis assuré de ne jamais oublier l'impression profonde que m'a produite la capitale de la Sicile.

Presque toutes les habitations possèdent, à l'intérieur, des madones encadrées et vitrées, autour desquelles brûlent des cierges que la foi naïve des habitants renouvelle continuellement.

Je remarque également que toutes les charrettes sont décorées de peintures représentant ou des saints en vénération ou des madones, ou bien encore la procession de sainte Rosalie, patronne de la ville. Les chevaux et les mulets ne sont pas exempts de ces insignes religieux : leurs maîtres ont toujours le soin de mettre un scapulaire ou une relique quelconque dans une petite niche surmontant les colliers.

A dix heures, je vais entendre le délicieux concert que des musiciens de la ville donnent chaque jour, aux heures fraîches de la soirée, sur la promenade de la Marine, promenade dont la situation est unique en Europe.

Palerme, le 15 août.

La chaleur est accablante : le *sirocco* souffle avec violence ; je suis noir comme un Africain.

Je profite de ce temps insupportable pour rendre une visite à nos excellents photographes, MM. Laisné et Bellardel.

Dans un coin de l'atelier, je remarque un groupe charmant, représentant un vieillard entouré de ses enfants, tous armés.

« Si cette photographie vous plaît, me disent les deux artistes, emportez-la, à titre de souvenir amical.—Du reste, ajouta M. Laisné, quand vous connaîtrez l'histoire des personnages qu'elle représente, vous y attacherez encore un plus grand prix. »

Je retrouve dans mes notes ce récit émouvant, écrit sous la dictée de mon aimable compatriote, et je demande la permission de le reproduire, sans y changer un seul mot[1].

« La photographie que vous venez de prendre est celle d'une famille sicilienne, armée pour venger la mort du père et de la mère des trois jeunes gens qui sont groupés autour de leur grand-père.

« Au mois d'avril de cette année, Luigi Agnello était le chef des insurgés qui devaient partir de San Lorenzo pour attaquer la troupe campée au jardin anglais, sur la route des Collis.

« Son équipement de guerre se composait d'un tromblon dans lequel il mettait douze balles du calibre 20, et d'une paire de pistolets, de maigre apparence, passée à sa ceinture ; on voyait qu'ils avaient été pendant longtemps cachés sous la terre, pour échapper aux recherches de la police.....

« La révolution ayant échoué à Palerme, le 4 avril, les insurgés durent se réfugier dans les campagnes autour de la ville, où les paysans tinrent tête à l'armée régulière pendant plu-

---

[1] Cette histoire est parfaitement accréditée à Palerme et dans ses environs.

sieurs jours. San Lorenzo devint, en particulier, le théâtre d'une lutte héroïque et sanglante : durant trois jours, mille Napolitains assiégèrent inutilement soixante braves qui défendaient ce pays, et ce ne fut que le 7 avril qu'une colonne de deux mille hommes, avec quatre pièces d'artillerie, parvint à faire fuir Luigi et sa bande. Au dernier moment même, il s'en fallut de peu que l'artillerie ne tombât au pouvoir de l'intrépide chef. Il s'était approché des ennemis à la faveur de la nuit, et d'un coup de son tromblon chargé de douze balles, avait tué les six artilleurs qui menaient la pièce la plus avancée. Son courage ne servit à rien : immédiatement découvert, il dut reculer devant une fusillade très-vive et s'enfuir à travers les fourrés de figuiers d'Inde.

« La troupe napolitaine éprouva de grandes pertes ce jour-là, tandis que du côté des paysans, au contraire, on ne comptait qu'une douzaine de morts et de blessés. Les royaux avaient fait un seul prisonnier. Luigi et les siens se retirèrent dans les montagnes voisines.

« Quoique ses défenseurs l'eussent abandonné, une canonnade terrible détruisit le malheureux village, tant l'armée craignait qu'il ne renfermât encore des ennemis. Ensuite vinrent le pillage et l'incendie. Les familles des insurgés avaient eu, pour la plupart, le temps de fuir, et les fils de Luigi, ainsi que nous le verrons, rejoignirent leur père; mais la mère était restée avec le vieillard dont vous voyez ici le portrait. Comme les patriciens de l'ancienne Rome, il attendit froidement l'ennemi, sans même se lever de la grosse pierre sur laquelle il était assis, et qui servait de banc devant sa modeste demeure.

« Ses soixante ans, ses longs cheveux blancs, son calme si noble, auraient dû le sauver des outrages. Mais les Napolitains furent inexorables : ils ne se contentèrent pas de l'insulter, ils lui attachèrent fortement les mains avec une courroie, et le conduisirent à Palerme, comme un trophée de leur victoire. Il fut promené à travers la ville, placé dans une charrette, à la suite des canons.

« Quant à la malheureuse épouse de Luigi,

on la trouva le lendemain, presque nue et les oreilles déchirées, morte sur le seuil de sa maison. Les barbares lui avaient arraché ses boucles d'oreilles, et ce peu d'or qu'elle défendait, comme dernier souvenir de son mari, avait probablement été sa condamnation !

« San Lorenzo devint le théâtre de scènes qu'on n'ose raconter dans leurs détails horribles : des familles entières furent brûlées, après avoir été dépouillées des moindres bijoux, et même de leurs vêtements. — On a vu des soldats napolitains, ayant dans leurs sacs à pain des oreilles garnies de pendants, et des doigts encore ornés de leurs bagues.

« Des scènes semblables se reproduisirent au monastère de Baïda, dans lequel la population de cette ville s'était retirée, le 9 avril. Les soldats firent d'abord une décharge générale sur des femmes et des enfants agenouillés dans la cour, et ensuite, s'élançant au milieu de cette foule sans défense, ils dépouillèrent les morts, les blessés et les vivants avec la même brutalité.

« Revenons maintenant à la famille Agnello.

« Luigi, n'étant pas poursuivi dans sa retraite, s'arrêta à une demi-lieue du rivage, tremblant pour son père, sa femme et ses enfants. Il eut vingt fois le désir de retourner sur ses pas pour sauver ceux qui lui étaient chers, mais un devoir plus impérieux le retenait loin d'eux, malgré ses angoisses : n'était-il pas le seul guide et l'unique espoir des cinquante braves qui lui restaient pour venger son pays?

« Quelques minutes après l'entrée des troupes dans le village, des incendies se déclarèrent sur plusieurs points, et les habitants commencèrent à fuir dans toutes les directions. On n'entendait que cris de détresse, appels désespérés, plaintes suprêmes.

« Cependant Luigi, en proie à la plus horrible anxiété, nourrissait encore l'espoir de revoir sa famille; depuis une heure déjà, il attendait vainement, quand tout à coup il aperçut ses trois fils, mêlés à d'autres fuyards :

« — Où est ta mère, Paul? demanda-t-il à l'aîné.

« — Elle est restée avec grand-papa, qui

n'a pas voulu nous suivre, répondit le jeune homme.

« A partir de ce jour, Luigi fit tous ses efforts pour reformer sa petite armée et l'augmenter. Aucune crainte ne pouvait l'arrêter ; il n'y avait pas de périls qu'il ne bravât.

« Pour procurer des munitions à ses soldats, le 25 mai, au moment où la police agissait avec une vigueur effrayante; quand un décret du lieutenant général condamnait à mort quiconque serait trouvé porteur d'armes ou de munitions de guerre, Luigi Agnello vint à Palerme, portant sur sa tête un panier et en sortit emportant de la poudre, des balles et des capsules, réunies avec beaucoup de eine.

« Mais Luigi avait juré de parvenir jusqu'à la prison où l'on retenait son vieux père; il avait juré de le délivrer, en donnant l'assaut, s'il le fallait, avec les cinquante hommes auxquels il commandait.

« Prévenu que, le 27 au matin, Garibaldi attaquerait du côté opposé (par la porte de Termini), il profita de l'obscurité de la nuit pour s'approcher jusqu'à trois cents pas environ des postes avancés napolitains.

« A trois heures et demie du matin, on entendit la première décharge du côté du pont Amiral. Peu d'instants après, les Napolitains fuyaient déjà devant les volontaires du grand général. — A cette même heure, Luigi commença le feu contre le poste qui lui barrait le chemin, et le mit rapidement en fuite.

« Ce fut un *sauve-qui-peut* complet, jusqu'à la prison, où les troupes se défendirent pendant une heure environ... Les soldats se retiraient, laissant les portes ouvertes derrière eux, et Luigi, ayant à ses côtés ses trois fils, croyait toucher au but poursuivi par lui avec un si admirable dévouement, quand une balle, le frappant en pleine poitrine, le renversa mort! »

A l'heure qu'il est, le père du malheureux Luigi et ses trois petits-fils servent dans l'armée de Garibaldi.

Palerme, le 14 août.

Nous partons ce matin, quatre volontaires:

un Milanais, un Toscan, et deux Français, pour aller visiter Monréale, à quatre milles de Palerme.

Pour cette petite expédition, nous avions loué des ânes; hélas! je ne l'oublierai jamais. Ma monture aux longues oreilles, plus bête que l'âne de Buridan, n'entend ni à *hue* ni à *dia*. Quand je lui crie : *Avanti!* maître Aliboron va *in dietro*, et *vice versa*..... Il est évident que les ânes siciliens ne comprennent pas un mot d'italien, et j'ai de plus la douleur de constater que, sous le rapport de l'entêtement, ils sont bien supérieurs à leurs frères de France et de Navarre.....

Des lauriers-roses, des grenadiers, des figuiers, des aloës et une foule d'autres arbustes au port gracieux ou aux parfums pénétrants bordent la route qui conduit de Palerme à Monréale. La vigne est chargée de grappes dont la grosseur et la saveur rappellent les raisins de la terre de Chanaan.

La cathédrale de Monréale est un ancien morceau d'architecture où se mélangent l'art grec et les riches fantaisies de l'art arabe. Elle possède des statues de marbre et des mosaïques d'un grand mérite, mais que nous ne pouvons étudier suffisamment, faute de temps. Son maître-autel, tout en argent, et divers autres objets précieux, tels que les sarcophages de Guillaume le Bon et de Guillaume le Mauvais, attirent aussi nos regards.

Ses portes en bronze sculpté ne sont pas moins admirées des visiteurs : plusieurs épisodes de l'histoire sacrée y ont été reproduits en demi-relief par le célèbre Bonanno, de Pise.

En sortant de la cathédrale, nous visitons le couvent des Bénédictins, qui est de toute beauté. Il a été récemment restauré avec beaucoup de goût.

Je remarque, dans l'escalier de ce couvent, deux magnifiques tableaux : l'un, de Novelli, surnommé le Raphaël de la Sicile, représente saint Benoît, qui, sous l'emblème du pain et du vin, donne sa règle aux divers chefs d'ordres monastiques et équestres formant son cortége.

L'autre, attribué à Vélasquez, représente

Guillaume II, sur le point de trouver un trésor.

De retour à Palerme, nous rencontrons deux autres volontaires français : l'un, ancien zouave au 2ᵉ régiment; l'autre, ex-artiste..... du théâtre des Funambules. (Ce dernier vient d'être réformé à cause de la faiblesse de sa constitution.)

Palerme, le 15 août.

Je puis intituler cette journée : *Visite à la cathédrale et au palais royal.*

Un Français, M. d'Ostervald, grand amateur des beaux-arts, a dit quelque part : « Si le palais de Grenade et les mosquées de Cordoue n'existaient pas, la cathédrale de Palerme serait le modèle le plus précieux de l'architecture arabe et du style oriental dans toute sa pompe. »

Commencée en 1170, cette cathédrale fut achevée en 1185. D'après la tradition, elle servit de mosquée aux Sarrasins[1]. Ce furent les

---

[1] Sur la première colonne à gauche, en entrant, on voit une inscription arabe extraite du Coran.

Normands qui la consacrèrent au culte catholique.

L'extérieur relève de l'architecture gothique; mais l'intérieur, bien que soutenu par quatre-vingts colonnes de granit oriental, est tout à fait dans le style moderne.

Le maître-autel n'offre à l'œil qu'agates, jaspe et lapis-lazuli.

Dans une chapelle dédiée à sainte Rosalie, mon admiration est excitée par deux bas-reliefs en marbre blanc, du Palermitain Valère Villareale, élève de Canova.

Les autres objets dignes d'attention sont les tombeaux en marbre blanc et en porphyre rouge de plusieurs anciens souverains de la Sicile. Ces tombes renferment les restes du roi Roger, de l'empereur Henri VI, de sa femme Constance (Normande), de Constance II (Aragonaise), veuve de Henri, roi de Hongrie, et, ensuite, femme de l'empereur Frédéric et de l'infant Guillaume, duc d'Athènes et de Néopatrie, fils du roi Frédéric II d'Aragon.

En sortant de cette splendide nécropole, je

remarque au centre de la place, sur un piédestal triangulaire, la statue en marbre de sainte Rosalie chassant la peste.

La fondation du palais royal remonte également à l'époque des Sarrazins; mais il fut embelli par Robert Guiscard, le roi Roger et les deux Guillaume.

Ce palais est un assemblage de plusieurs constructions différentes; la partie du centre appartient à l'architecture dorique. Je distingue le salon dit du *Parlement*, celui des Tapisseries, celui contenant la collection des portraits des vice-rois et celui qui est réservé aux audiences.

Un officier d'état-major a l'obligeance de me conduire dans la chambre de Garibaldi, qui, m'assure-t-il, sera religieusement conservée dans l'état où il l'a laissée.

La chapelle royale ou Palatine, « témoignage de la piété de Roger, » — au dire du gardien, — est d'une architecture majestueuse et imposante. Elle renferme quantité d'objets curieux, notamment de beaux marbres et d'anciennes mosaïques.

Je termine ma visite par une ascension à la tour servant d'observatoire astronomique, célèbre par les travaux de Joseph Piazzi.

Palerme, le 16 août.

Garibaldi est à Palerme. Il y vient, dit-on, pour avoir une conférence avec M. Bertani, débarqué ici depuis deux jours.

Je viens de voir défiler plusieurs bataillons de la garde nationale. Elle est maintenant tout à fait organisée à Palerme, et m'a paru fort belle de tenue et fort bien armée. Elle se divise en trois catégories : la première comprend les jeunes célibataires, appelés à être mobilisés en cas de besoin ; la deuxième, composée d'hommes mariés, dont l'âge ne dépasse pas quarante ans, reste chargée du service intérieur. Quant à la troisième catégorie, elle forme la *réserve*, et ne serait astreinte au service que dans des cas tout à fait exceptionnels.

Palerme, le 17 août.

La présence de Garibaldi jette la population

dans un grand enthousiasme. De tous côtés, ce ne sont que chants d'allégresse et vivats prolongés.

Ce matin, l'illustre général visite les blessés, qui sont, comme toujours, l'objet de son attention toute particulière et de sa bienveillance active.

Nous apprenons enfin où Garibaldi vient de passer les huit jours pendant lesquels le bruit public l'a fait voyager en Piémont et en Calabre. Décidément le général n'était ni en Piémont ni en Calabre, mais tout simplement à Cagliari, où il contremandait l'expédition projetée contre les États romains.

Le général Piancini, qui devait diriger cette expédition, vient de donner à l'instant même sa démission, motivée sur l'insuccès de son plan, dont l'exécution a été entravée par des ordres venus de haut lieu.

Voici ce qui m'explique notre débarquement dans l'île de Sardaigne, suivi de notre brusque départ pour la Sicile.

Le fils de Garibaldi était également à Palerme ces jours-ci. C'est un beau jeune homme de vingt-trois ans, plein de courage et de patriotisme, brûlant de ce feu sacré qui donne aux hommes la force d'accomplir des actions héroïques; en un mot, il rappelle son père, et c'est tout dire.

Pour le récompenser de sa belle conduite à Calatafimi, à Palerme et à Milazzo, Garibaldi l'a nommé au commandement d'un bataillon de bersagliers.

Je viens d'entrer au café-restaurant français de la place de la Marine; c'est le rendez-vous de tous les Français de passage à Palerme.

A voir les illustrations militaires, littéraires et artistiques qui le remplissent, on se croirait encore à Paris, sur le boulevard des Italiens.

Dans les groupes, j'aperçois M. Jules Kergomard, attaché à l'état-major du général Éber; un peintre flamand, qui suit l'expédition, M. Jules van Imschott, et le comte Lakzinsko. Ce dernier, pour courir les hasards de la guerre, a quitté sa femme et ses enfants, et renoncé aux jouissances que peuvent procurer cent cinquante mille francs de rentes.

Palerme, le 20 août.

Le général commandant les Garibaldiens, à Palerme, a passé tantôt une revue de ses troupes, qui sont parties ce soir pour Milazzo. Parmi elles se trouve le bataillon sacré, composé de prêtres et de moines. Je dis au revoir à de Franqueville, qui s'embarque sur l'*Utile*, non sans regretter vivement des ordres personnels qui me condamnent à une inaction momentanée.

Grande nouvelle ! Garibaldi est en Calabre avec une partie de ses volontaires.

Le soir, la ville se couvre de drapeaux et d'illuminations.

Palerme, le 21 août.

La garnison de Reggio a capitulé.

L'enthousiasme ici est général ; mais qui pourrait décrire un enthousiasme sicilien ?

La camarilla du roi de Naples ouvrira-t-elle enfin les yeux ? Comprendra-t-elle, enfin, que le courage et l'amour de la liberté finissent tôt ou tard par l'emporter sur l'obscurantisme et la barbarie?

Palerme, le 22 août.

Dès le matin, je pars pour le mont Pellegrino, à la cime duquel se trouve la grotte de la bienheureuse sainte Rosalie[1]. Ce mont, appelé *Ereta* par les anciens, et, plus tard, *Pellegrino* par les Arabes, est à deux milles environ de Palerme.

L'histoire locale rapporte que l'Éreta, après avoir joui d'une grande célébrité dans les guerres puniques, tomba complétement dans l'oubli et devint presque inaccessible.

En 1624, le 15 juillet, on y découvrit, enseveli dans une grotte, le corps de sainte Rosalie, et cette précieuse découverte causa une grande joie à la pieuse cité parlermitaine.

On traça alors un chemin praticable sur la

---

[1] Ce lieu est élevé de mille quatre cent soixante-quatorze pieds au-dessus du niveau de la mer.

pente escarpée de la montagne, chemin presque partout appuyé sur des arcs solides, et qui coûta à la ville des sommes immenses.

A l'endroit même où furent trouvés les restes de sainte Rosalie, on construisit une tour d'observation, et au-dessus on plaça une église en l'honneur de la vénérée patronne de Palerme; puis, une fête annuelle fut instituée dans la ville, pour rappeler à la population les vertus de la sainte et en perpétuer le souvenir.

Cette fête dure cinq jours (du 11 au 15 juillet inclus), et, par sa magnificence, elle attire à Palerme une foule de provinciaux, désireux, non-seulement de rendre leurs hommages à sainte Rosalie, mais encore de jouir du spectacle des feux d'artifice, des courses et des illuminations.

Sainte Rosalie appartenait, s'il faut en croire une légende, à la famille régnante de Sicile, et, dès sa plus tendre enfance, elle se fit remarquer par une excessive dévotion.

Quand elle eut atteint l'âge de raison, elle abandonna la cour du roi son père, pour mener une vie solitaire et contemplative, à laquelle elle ne renonça plus jusqu'à la mort.

A l'époque où l'on transporta son corps dans la cathédrale de Palerme, une peste décimait les habitants; mais, aussitôt après cette translation, l'épidémie ayant brusquement cessé, sainte Rosalie fut proclamée la patronne de la cité sauvée par son intercession miraculeuse.

Depuis la révolution, à l'aide de je ne sais trop quelle généalogie, le fanatisme des Siciliens a établi un lien de parenté entre cette sainte et Garibaldi.

La montagne (*monte Pellegrino*), est formée d'une pierre calcaire; elle renferme, en outre, une quantité considérable de ces concrétions appelées *albâtre de coing*, qui sont si communes dans les fissures et les grottes.

Arrivé au sommet, la première chose qui me frappe est la statue de sainte Rosalie, faisant face à la mer[1].

---

[1] Autrefois, il y avait sur ce plateau, vers le Levant, une statue colossale de la sainte, que les navigateurs découvraient de fort loin; mais, la foudre l'ayant abattue, elle fut remplacée, en 1854, par celle qui existe actuellement.

J'entre dans l'église, qui est vraiment fort remarquable, et, de là, passant dans une partie de l'édifice, presqu'à ciel ouvert, je pénètre dans la grotte, dont rien ne peut exprimer l'effet pittoresque.

L'autel de sainte Rosalie est sur la gauche. A côté se trouve la statue de marbre de la bienheureuse sainte, due à l'habile ciseau du Florentin Grégoire Tedeschi. Elle est couverte d'un riche vêtement, et le sculpteur l'a représentée au moment où elle va fermer les yeux pour jouir du repos éternel ; sa belle tête est appuyée négligemment sur une main, tandis que de l'autre elle tient un crucifix.

Palerme, le 23 août.

Ne voulant pas quitter Palerme sans avoir vu tout ce que cette ville renferme de curieux, je me décide à visiter le couvent et l'église des Capucins, qui se trouvent à côté de l'ancien quartier de cavalerie, connu sous le nom de les *Bourguignons* (Borgognoni); ce dernier remonte au temps des Sarrasins.

Cet édifice, il est vrai, n'offre rien de bien remarquable qu'un vaste cimetière situé sous l'église, lequel, assure-t-on, fut commencé en 1621. Ce lieu renferme une quantité de caisses où sont les restes de personnages distingués. On a pratiqué dans les murs des niches superposées jusqu'à la hauteur de la corniche ; elles contiennent chacune un cadavre desséché et couvert de la robe des capucins, avec un écriteau portant son nom et la date de son décès. Je remarque aussi un grand nombre de squelettes, pendus à la voûte à l'aide de crochets.

De retour chez moi, je trouve le lieutenant Franqueville d'Orthal, qui est revenu de Milazzo à Palerme sur le petit remorqueur l'*Utile* pour prendre des chevaux, et qui me propose de m'emmener avec lui ce soir. J'accepte cette offre avec empressement.

Je fais mes préparatifs de départ, et, à dix heures, je me rends à bord. Une heure après, nous quittons le port.

Avant de descendre dans ma cabine, je reste quelques instants sur le pont à contempler Palerme, encore toute resplendissante des illuminations du soir et remplie des bruits de la fête de tout un peuple, qui célèbre et salue, dans le présent et dans l'avenir, une nouvelle ère de bonheur et de prospérité; puis, la ville disparaissant peu à peu, à mesure que nous avançons, je porte mes yeux vers le ciel constellé d'étoiles et sur cette mer tranquille, spectacles grandioses qui rendent si courtes les heures du voyage. C'est alors que sans fermer les yeux on oublie la vie, pour rêver doucement amour, gloire et liberté.

En mer, le 24 août.

Le sommeil est venu me surprendre sur le pont, et j'ai dormi d'un profond sommeil jusqu'à sept heures, en dépit de la fraîcheur de la nuit et du bruit de la machine à vapeur.

Je lie connaissance avec M. B..., de Milan, orientaliste très-distingué, qui s'en va rejoindre M. Bertani à Milazzo, pour l'accompagner ensuite à Naples.

Ce digne et excellent homme passe son

temps à me faire un cours philosophique sur les races humaines. « L'homme, ne cesse-t-il de me répéter, est un composé de qualités et de défauts. Ce principe admis, il faut bien reconnaître que les noirs sont supérieurs aux blancs, en ce sens qu'ils ont moins de défauts et, partant, plus de qualités. J'ai beaucoup étudié la race éthiopienne, et je n'ai pas hésité à lui accorder la préférence sur la nôtre. »

Malgré l'étonnement que je ressens à lui entendre soutenir cette thèse au moins originale, je m'endors au son de sa voix monotone. Pendant mon sommeil, je vois les noirs à la tête des empires, tandis que les blancs, esclaves soumis, leur prodiguent l'encens et s'ingénient à satisfaire les caprices de leurs maîtres aux cheveux de laine. Mais le rêve me paraît tellement lugubre, tellement fantastique, que je me réveille en sursaut à la grande satisfaction de mon professeur de haute philosophie, qui attendait impatiemment ce moment pour continuer son intéressante démonstration !

Pour la première fois de ma vie, je maudis Platon, ses disciples, et quiconque touche de près et de loin à la philosophie.

La vue des îles Lipari (îles d'Éole ou de Vulcain) m'arrache fort heureusement à mon pénible ennui. Dans le lointain, à l'aide d'une lorgnette, j'aperçois Stromboli (le fanal de la Méditerranée), dont le volcan jette une fumée épaisse et des flammes continuelles.

Il est six heures; nous approchons de Milazzo.

A huit heures nous jetons l'ancre. Nous descendons à terre, mais c'est en vain que nous y cherchons un logement.

Nous revenons coucher à bord, assez mécontents de la ville et de ses habitants.

Milazzo, le 25 août.

Milazzo est située en partie sur la montagne et en partie sur une petite presqu'île.

Son port est excellent, et son territoire si

fertile, que les poëtes ont supposé qu'Apollon y avait fait paître ses troupeaux.

Quant à la ville elle-même, elle est sale et déplaisante au possible.

Les enfants se vautrent tout nus dans la poussière en compagnie des animaux domestiques les moins poétiques, dont ils ne diffèrent guère que par un excès de malpropreté. Quant aux femmes et aux hommes, ils ont pour vêtements quelques haillons indescriptibles.

Dans cette ville de dix mille âmes, nous ne trouvons pas la moindre *locanda* pour nous loger, pas la moindre *trattoria* pour nous restaurer. Nous en sommes réduits à manger quelques fruits et un peu de pain, que nous achetons sur la place. Jamais je n'ai vu une pareille pénurie.

Milazzo ne porte plus aucunes traces du sanglant combat qui s'y est livré dans la matinée du 21 juillet. On m'assure cependant qu'il reste encore beaucoup de cadavres non ensevelis dans la citadelle, et que dans un caveau à cinquante mètres de l'église, on a trouvé trente morts dépouillés de leurs vêtements;

mais je me refuse à croire à une pareille monstruosité, et le temps m'empêche d'aller vérifier le fait que je consigne ici à titre de simple renseignement.

Je fais la connaissance du capitaine Emeric Szabad (Hongrois), très-connu en Angleterre par les écrits politiques qu'il a publiés depuis son exil.

Au bout d'un quart d'heure nous sommes des amis inséparables.

Lamartine n'a-t-il pas dit : « Il y a de vieilles amitiés d'un jour. »

Mon nouvel ami m'emmène coucher avec lui au *Municipe* (hôtel de ville).

Milazzo, le 26 août.

Dans la matinée, nous allons faire une promenade en mer avec des pêcheurs du pays.

La mer est délicieuse, et, tout en pêchant, nous suivons la côte jusqu'à un mille de Barcelona.

J'admire, en passant, des grottes naturelles,

des sites merveilleux et des bois d'oliviers au feuillage sombre.

A notre retour, nous apprenons que toutes les troupes quittent ce soir Milazzo pour aller au phare de Messine en passant par Gesso.

Immédiatement, nous nous occupons de notre départ.

A six heures, nous nous embarquons sur le *Weasel*, avec M. Bertani, M. Bourletti et le colonel Frappoli, ancien ministre de la guerre dans l'Émilie.

Pendant la traversée, un officier de marine qui avait assisté au débarquement en Calabre me reconte la mort du brave de Flotte, commandant de la compagnie anglo-française.

Comme je tiens tous les détails de ce triste événement de la bouche d'un témoin oculaire, et que d'ailleurs de Flotte représentait la France dans cette lutte héroïque que l'Italie vient d'entreprendre pour reconquérir son indépendance et fonder sa liberté, je demanderai la permission de rapporter les derniers moments de ce noble et grand cœur.

De Flotte était parvenu, au *Faro* (phare de Messine), à réunir cinquante-cinq hommes, dont trente-cinq Français et vingt Anglais, avec lesquels il s'installa dans une petite maison du village, profitant ainsi de la trêve passagère que les circonstances lui accordaient.

Mais ce répit momentané ne devait pas durer longtemps, et, dès le 8 au soir, Garibaldi était sur le pont du *City-of-Aberdeen*, contemplant la Calabre et attendant le retour du commandant de Flotte, parti avec quelques hommes seulement (huit, selon les uns, douze, d'après les autres, Anglais et Français), dans le but d'explorer la côte ennemie.

De Flotte était de retour le 9, à huit heures du matin, avec deux blessés. Garibaldi lui dit qu'il n'aurait pas dû exposer ainsi ses hommes. Mais le but était rempli, puisque de Flotte venait de lancer la première barque sur les côtes de Calabre.

L'intrépide de Flotte était déjà passé sous le fort de Scylla avec une vingtaine d'hommes dans cette même nuit du 8 au 9, mais quelques heures plus tôt. Il avait tenté le débarquement vers les deux heures du matin : la fusillade des troupes échelonnées sur la côte, le canon du fort et des bâtiments de guerre empêchèrent son opération de réussir. Il revint au *Faro* rendre compte de sa mission à Garibaldi, qui lui répondit seulement : « L'attention de l'ennemi étant éveillée, vous auriez dû débarquer *quand même.* »

C'est alors que de Flotte, blessé dans son héroïque fierté, était reparti avec huit ou douze hommes et avait échoué sa barque sur le sable. Un seul volontaire put mettre pied à terre, et il dut aussitôt remonter sur le léger bâtiment, qui recevait une pluie de balles et de boulets.

Cette fois, Garibaldi, plus juste, serra la main à de Flotte et lui adressa de sincères remerciments pour la mission dangereuse qu'il venait d'accomplir. Le général avait reconnu que de Flotte n'exagérait point les difficultés de l'entreprise, que des frégates napolitaines croisaient véritablement dans la passe et que son fidèle éclaireur n'avait échappé à la mort que miraculeusement.

En effet, pendant cette périlleuse et rapide expédition, de Flotte, debout, la tête haute et fière, tenant ferme le gouvernail malgré la fusillade, avait dû menacer de son revolver les rameurs intimidés qui voulaient se cacher sous leurs bancs.

A partir de ce jour (9 août), toutes les troupes furent dirigées vers le *Faro*, où elles débarquèrent sans coup férir. Elles campaient sur le rivage à côté de la compagnie anglo-française, qui avait dû quitter la maison dont elle s'était emparée, Garibaldi s'attendant, d'un jour à l'autre, à passer le détroit.

Malgré les préoccupations de l'armée, tout le monde voulut, le 15 août, fêter la France et l'Italie ; les drapeaux tricolores des deux nations se marièrent de nouveau et l'on but à leur prospérité, à leur liberté mutuelles.

Pendant ce temps, Garibaldi, établi sur la tour même du phare, ne quittait point des yeux la côte ennemie, et faisait construire des batteries de défense pour répondre à toutes les éventualités.

Le 16, les volontaires opérèrent un mouvement en arrière vers Messine ; mais le 19 les retrouva, à neuf heures du matin, au *Faro*, où ils s'embarquèrent enfin à dix heures du soir.

L'embarquement eut lieu sur de petites barques, dans chacune desquelles il y avait six rameurs siciliens, dix hommes et un sergent.

Le 20, au point du jour, on prit la mer, en se dirigeant entre Scylla et Bagnara. Le fort de Scylla, s'apercevant de la manœuvre, donna l'alarme, et la fusillade s'engagea de tous les côtés. Les barques, poussées à force de rames, furent jetées sur le sable. Le débarquement s'opéra et les troupes se rangèrent en ligne de bataille (mille deux cents hommes environ).

Cosenz, en tête, fit défiler ses troupes par des sentiers couverts, pour gagner la route élevée à peu près de 50 mètres au-dessus du niveau de la mer.

Les royaux furent repoussés de cette route, qu'ils occupaient, tant par les volontaires de la brigade Cosenz que par le feu d'une canonnière commandée par de Flotte, et qui les mitraillait avec une pièce de quatre.

Lorsqu'il débarqua à son tour, la route était totalement occupée par les volontaires de la brigade Cosenz.

Cosenz se dirigea sur la droite vers Scylla, tandis que de Flotte, avec les Français de sa compagnie[1] et les carabiniers génois, prenait la gauche, en suivant la crête de la montagne, et chassait devant lui les royaux jusqu'à Bagnara.

La brigade commandée par Cosenz franchissait de son côté deux plateaux de montagnes sans apercevoir l'ennemi, et, dirigée par des pâtres, arrivait à Solano vers midi.

Solano[2] devint le point de réunion des troupes de Cosenz et de celles de de Flotte qui, en arrivant, était tellement fatigué qu'il dut prendre quelques instants de repos à l'ombre d'un arbre.

Un Français, nommé Mauriès Descol, sous-officier de la brigade Cosenz, fut envoyé avec

[1] Les Anglais occupaient un autre poste.
[2] Solano est un petit village très-pauvre, encaissé entre des collines sur lesquelles ne croissent que quelques chétifs arbustes. Des champs de maïs forment la seule culture du pays : comme point stratégique, c'est une mauvaise position.

douze hommes aux avant-postes. A deux heures, il était attaqué par les royaux, disposés en tirailleurs sur le côté élevé d'une route, dans un bois touffu de jeunes châtaigniers, où il était impossible de les voir.

Les hommes de Descol se reposaient, assis sur la route, à côté des faisceaux, quand la première décharge des royaux vint en frapper deux à mort.

Descol saisit aussitôt son fusil pour repousser l'attaque avec les dix hommes qui lui restaient et qui s'embusquèrent de l'autre côté de la route. Il soutint le feu pendant une demi-heure sans recevoir le moindre secours, bien que la détonation des armes se fît entendre parfaitement. Il repoussa même plusieurs attaques corps à corps; puis, voyant que personne ne venait à son aide, il se replia sur le village. Chemin faisant, il rencontra son colonel qui venait avec une douzaine d'hommes. Mauriès lui rendit compte des événements accomplis et des mouvements de l'ennemi.

A ce moment, de Flotte vint féliciter Descol de sa belle conduite et lui serrer la main.

Cependant, au bruit de la fusillade, Cosenz s'était placé à la tête de son deuxième régiment. Une partie du premier occupait la place du village, attendant que les mouvements de l'ennemi se dessinassent, tandis que les bersagliers de la brigade s'embusquaient tout le long du chemin qui divise le village en deux parties. Les carabiniers génois se trouvaient alors en ligne vers la gauche, au sommet du village, et faisaient feu, sans s'en douter, sur les avant-postes attaqués, situés près de l'église neuve, encore en construction.

La compagnie de de Flotte formait l'avantgarde à l'entrée nord du village, et occupait quelques maisons prises aux royaux sur la route qui menait aux avant-postes attaqués.

En ce moment de Flotte se hasarda de nouveau sur la route, afin de demander des renseignements sur ses hommes, dont il ignorait la position. Descol, qui le rencontra, lui assura que ses hommes étaient parfaitement embusqués. Il lui fit observer également qu'il était fort dangereux de circuler en un pareil endroit, attendu que les Napolitains occupaient déjà le haut du village, et il conseilla à de Flotte de ne pas s'y aventurer.

De Flotte remercia Descol de ses conseils et lui tendit la main gauche, car la droite était enveloppée d'un mouchoir ensanglanté. Quelques instants auparavant il s'était, par hasard, trouvé en présence d'un tirailleur napolitain, et, dans la lutte, il avait reçu une légère blessure.

La dernière parole et la dernière poignée de main de ce brave officier furent pour Mauriès Descol, car personne ne l'approcha plus jusqu'à sa mort.

Descol, en quittant de Flotte, suivit le ravin avec son colonel et quelques hommes. Il prit le bois par la droite du village, évitant ainsi la route dangereuse qu'il avait signalée à de Flotte.

En arrivant au sommet du village, Descol vit accourir des soldats du deuxième régiment Cosenz, et appartenant à sa propre compagnie. Ils se dirigeaient vers un homme qui venait de tomber, frappé d'une balle à la tête. Il était alors trois heures et demie. Le cadavre qu'ils ramassèrent était celui du malheureux et téméraire de Flotte ! Mais Descol, ayant à repousser les tirailleurs ennemis, passa outre sans savoir qui venait d'être tué. Quand il revint sur ses pas, un homme de sa compagnie prenait le corps inanimé sous les bras pour l'enlever du milieu du chemin.

De Flotte était habillé presque tout en blanc, burnous blanc, casquette en drap blanc, pantalon blanc, grandes bottes jaunes. Il portait sa jumelle marine en sautoir ; son sabre et son revolver pendaient à sa ceinture.

Il fut frappé à la tête du côté droit, et la balle avait enlevé une portion notable du crâne. La cervelle couvrait la terre.

De Flotte avait été tué au milieu de la route. A gauche, à quinze mètres de lui, se trouvaient attachés deux ânes sous un petit hangar couvert de paille, et l'un d'eux fut même traversé d'une balle ; à droite, on voyait une maison où se tenaient embusqués des hommes de sa compagnie ; à gauche, un peu plus loin, s'élevait une autre maison occupée par les Anglais[1].

Descol revint à sa compagnie et continua le combat.

A cinq heures, il quitta de nouveau son poste pour assister à l'enterrement de de Flotte, qui eut lieu dans l'église même de Solano.

La compagnie française était naturellement chargée des derniers devoirs à rendre à son chef.

De Flotte repose sous l'église de Solano, en entrant à droite, dans le caveau d'un ancien évêque. Il a été enseveli avec une couverture de campement, pieds nus et la tête découverte ; le sang inondait les dalles de l'église quand on le descendit dans le caveau. Deux hommes de la compagnie Descol, aidés de deux paysans calabrais, se chargèrent de ce soin.

Quelques mots furent prononcés par Paugam, le second de de Flotte.

---

[1] Je possède un plan de la position dont on m'a garanti l'exactitude.

Descol, parlant à son tour, ajouta simplement :

« La démocratie a perdu le plus pur des citoyens!... »

Tout le monde se retira profondément ému.

Un quart d'heure après cette triste cérémonie, l'ennemi, complétement battu, se sauvait en pleine déroute, après avoir laissé cinquante hommes hors de combat. Vingt garibaldiens furent tués ou blessés. La compagnie française eut deux blessés.

Le même soir, Cosenz se mit en route, quittant Solano pour franchir le troisième plateau de montagnes ; il y avait réussi le lendemain matin, 21 août [1],

Tel est le récit exact de la mort de l'héroïque de Flotte, récit dont je puis garantir les moindres détails.

---

[1] Ce plateau de la Calabre ultérieure est une vaste et fertile plaine. Les troupes n'avaient pas mangé depuis le 19 au soir, jour de l'embarquement au Faro. Les soldats se précipitèrent sur des champs de pommes de terre pour apaiser leur faim.

Le Faro, Messine, le 27 août.

A cinq heures, nous arrivons au cap Faro, encore tout encombré des barques qui ont servi au débarquement.

Un commencement d'indisposition me force à quitter le *Weasel* et mon ami Szabad. Je prends un corricolo, et je me rends à Messine; chemin faisant, je rencontre de Franqueville qui est venu ici par terre. Je lui donne rendez-vous en Calabre ou à Naples.

Après bien des peines, je trouve enfin à me loger sur la place du Dôme, à l'hôtel du Belvédère.

Messine, le 29 août.

Enfin, je vais mieux ! J'ai pu me lever aujourd'hui et parcourir un peu la ville, qui ne manque certainement pas d'attrait et de mouvement, grâce à l'étendue de son commerce et à l'activité de son port.

La citadelle est et doit rester silencieuse; le général Fergola, tout en se déclarant notre ennemi, a consenti à signer une trêve indéfinie avec Garibaldi.

Plusieurs bâtiments de guerre français et anglais sont mouillés dans le port, assurant ainsi par leur présence l'exécution du traité.

Les Napolitains ont seulement le droit de venir à terre pour chercher des vivres, et ils sont obligés, aussitôt leurs provisions faites, de retourner à la citadelle...

On me communique l'ordre du jour suivant de Garibaldi, sur la mort de son ami de Flotte.

ORDRE DU JOUR DU 24 AOUT.

« Nous avons perdu de Flotte!

« Les épithètes de brave, d'honnête, de vrai démocrate, sont impuissantes à rendre tout l'héroïsme de cette âme incomparable.

« De Flotte, noble enfant de la France, était un de ces êtres privilégiés qu'un seul pays n'a pas le droit de s'approprier. Non : de Flotte appartient à l'humanité entière, car pour lui la patrie était là où le peuple souffrant se levait pour la liberté. De Flotte, mort pour l'Italie, a combattu pour elle comme il aurait combattu pour la France.

« Cet homme illustre est un précieux exemple de la fraternité des peuples que l'avenir de l'humanité se propose.

« Mort dans les rangs des chasseurs des Alpes, il était, avec quelques-uns de ses braves concitoyens, le représentant de la généreuse nation qu'on peut arrêter un moment, mais qui est destinée par la Providence à marcher à l'avant-garde de l'humanité pour l'émancipation des peuples et la civilisation du monde.

« G. GARIBALDI. »

Partout, depuis l'affaire du 20, les troupes du roi de Naples mettent bas les armes et se rendent à discrétion.

On m'assure même que Garibaldi est déjà à Cosenza [1].

Du train dont marchent les événements,

Capitale de la province de la Calabre citérieure, ville de quinze mille âmes, bâtie au pied des Apennins.

tout le monde s'attend à le voir arriver à Naples avant huit jours. Ce qui me désespère seulement, c'est de ne pouvoir le rejoindre aussi vite que je voudrais.

Messine, le 30 août.

A dix heures du soir, je dis enfin adieu à la Sicile.

Je monte à bord du brick le *Benvenuto-Cellini*, remorqué par l'*Utile*.

En passant le fameux détroit de Charybde et de Scylla, nous éprouvons pendant quelques minutes un mouvement d'oscillation qui nous fait songer au danger terrible que doivent courir ici les navires poursuivis par la tempête ; mais le temps n'ayant pas changé, notre brick continue à marcher avec une indifférence superbe dans la direction du Pizzo de Calabre.

Le Pizzo de Calabre et Paola, le 31 août.

Vers dix heures du matin, nous entrons

dans le golfe de Santa-Eufemia, et quelques instants après nous arrivons au Pizzo. Cette petite ville fut témoin du débarquement[1], de l'arrestation et de l'exécution[2] de Joachim Murat, ex-roi de Naples.

Depuis cette époque, un décret du roi Ferdinand a honoré cette ville du titre de très-fidèle (*fidelissima*), et lui a accordé, en outre, l'exemption de toute espèce d'impôt. Bien plus, ce monarque a doté la famille Capellani d'une rente annuelle et perpétuelle de dix-huit cents francs environ, en récompense des services par elle rendus à la patrie dans cette grave circonstance. (Décret du 18 octobre 1815.)

Quatre cents volontaires de la brigade de Milan montent à notre bord.

A deux heures, nous quittons le Pizzo pour aller à Paola, remorqué cette fois par le *Dante*.

Vers les neuf heures, nous entendons des voix qui nous crient d'arrêter; puis nous distinguons plusieurs barques sur l'eau, et

---

[1] 13 octobre 1815.
[2] 31 octobre 1815.

l'une d'elles se dirige de notre côté... Serait-ce une flottille ennemie?

La barque s'approche, et un homme s'élance sur le pont.

Le capitaine, assez intrigué de cette manœuvre, lui demande ce qu'il veut.

Alors, dans son dialecte calabrais, le brave homme explique que nous sommes au moment de la grande pêche, et que notre bâtiment, en passant trop près de la côte, empêche le poisson de tomber dans les filets. Voilà, du moins, un honnête citoyen à qui les grands événements qui s'accomplissent autour de lui ne font point perdre le sentiment de ses petits intérêts. Pendant qu'un trône s'écroule, il tend paisiblement ses filets.

Le capitaine, tout en maugréant, promet d'avoir égard à sa requête, et un instant après le *Dante* nous entraîne de nouveau à sa remorque.

Paola, le 1er septembre.

A minuit et demi nous arrivons à Paola,

patrie du grand saint François de Paule, l'illustre confesseur du roi Louis XI, de religieuse mémoire.

La nuit est splendide.

Au lieu de chercher mon logement, je me dirige vers la montagne. Mais, à peine arrivé sur la route qui tourne sur elle-même en mille circuits, je suis soudainement interpellé en italien par le cri de :

« Qui va là ? »

Je réponds dans la même langue :

« Ami, soldat de Garibaldi. »

— Avancez !

— J'avance. »

Et alors la sentinelle me demande le signe de convention et le mot d'ordre.

Ne connaissant ni l'un ni l'autre, je ne puis satisfaire sa curiosité, et le factionnaire appelle la garde.

Quatre hommes et un caporal sortent aussitôt d'une petite maison servant de poste.

Mes cinq hommes commencent alors par armer leurs fusils et me mettent en joue ;

ensuite je reçois l'ordre du caporal d'avancer plus près.

Je lui explique en riant que je suis Français, et que le désir de profiter d'une belle nuit m'a engagé à sortir, sans même songer à prendre le moindre renseignement.

Pleinement convaincu de la sincérité de mes paroles, le caporal m'invite à partager sa botte de paille et sa dernière ration de vin. Je m'empresse d'accepter.

En sortant du poste, à six heures, je croise un régiment napolitain qui a déposé les armes et dont la majeure partie retourne à Naples.

Je visite le couvent des franciscains, placé dans une situation ravissante, à l'extrémité du pays.

Dans la chapelle, je trouve un docteur français en train de jouer la *Marseillaise* sur l'orgue.

C'est sans doute la première fois que les voûtes de cette chapelle, habituée aux cantiques, résonnent sous des accents révolutionnaires.

Quant aux franciscains, ils paraissent deviner les paroles ou du moins leur sens général, car je lis dans leurs yeux ce je ne sais quoi qui, dans toutes langues du monde, s'appelle le patriotisme.

En Calabre comme en Sicile, du reste, le bas clergé fait franchement cause commune avec le peuple. Au besoin, il l'aide et l'encourage en lui faisant connaître la vérité. Il est le premier à porter la cocarde tricolore et à crier : « Vive l'Italie une et libre ! vive Garibaldi ! vive Victor-Emmanuel ! »

Paola, le 2 septembre.

Je vois le général Turr. Il est venu de Cosenza à Paola pour presser le départ des troupes qui s'y trouvent.

Le patriote hongrois, bien que tout jeune encore, a su, par son courage et son intrépidité, joints à de sérieuses connaissances dans l'art militaire, mériter le grade de général de division. Il a des dehors très-sympathiques et il possède pour le moins autant l'affection de tous les volontaires que la confiance de son chef.

Garibaldi, m'assure-t-on, avance sur Naples sans rencontrer aucun obstacle. Les Calabrais s'enrôlent en foule sous son drapeau.

Tous ces pittoresques Calabrais, avec leur chapeau haut de forme, leur veste de velours, leur culotte courte, leurs sandales et leurs grandes guêtres, leur long fusil sur l'épaule et leur giberne en bandoulière, sont admirables à voir. Ils portent en eux un certain caractère de fierté et de grandeur qui leur sied à merveille [1].

Et les brigands, me demandera-t-on, puisqu'il s'agit des Calabres, où sont-ils? que font-ils?

Hélas! j'ai le regret d'annoncer qu'il n'en existe plus dans cette chère Calabre depuis la proclamation du gouvernement de Victor-Emmanuel. En ma qualité de coureur d'aventures, j'en ai cherché, et mes recherches ont été vaines ; je n'ai rencontré que des gens

[1] Ils n'ont pas tenu tout ce qu'ils promettaient ; je regrette de m'être un peu trop fié aux apparences.

m'offrant l'hospitalité avec la générosité proverbiale des montagnards écossais de Scribe.

J'ai remarqué également, parmi les femmes, des types magnifiques, de véritables têtes de madones; on les dirait créées tout exprès pour inspirer les poëtes et les artistes.

Paola, en mer, le 5 septembre.

Je quitte Paola à midi et je remonte à bord du *Benvenuto*, qui se dirige sur Naples, après avoir fait escale à Palerme. Deux Français, Félix Piette de Montfoucault et Alcime Cazeaux, sont avec moi. Pendant une heure nous marchons de concert avec le *Calatafimi*. Il transporte à Naples le régiment napolitain que j'ai rencontré hier. Sa musique nous salue à plusieurs reprises de l'*Inno di Garibaldi*. Nous l'encourageons de nos plus vifs applaudissements.

Pendant ce temps, une bande de marsouins nous régale d'un ballet nautique rempli d'une charmante originalité.

Sapri, le 4 septembre.

En nous réveillant, nous nous trouvons dans le golfe de Policastro.

Nous débarquons à Sapri, charmant petit village de cinq cents âmes, situé dans une position ravissante.

Les oliviers, les figuiers, les orangers, les citronniers, les grenadiers et les lauriers-roses y croissent avec une profusion sans pareille.

Je rencontre là une foule de gens qui parlent français; ce sont de ces chaudronniers ambulants comme nous en rencontrons à chaque instant dans nos villages de France. Ils m'apprennent que Garibaldi était ici même hier soir et qu'il marche directement sur Salerne. A peine débarqués nous allons, mes deux compatriotes et moi, nous promener dans un bois d'oliviers, derrière la place.

Une brave femme, — qui ne doit plus savoir le compte de ses années tant elles sont nombreuses, — vient nous y trouver et nous offre un panier de figues qu'elle nous force d'accepter. Nous voulons lui en payer la valeur. Impossible. La pauvre vieille se récrie au nom de son *fratello Garibaldi*.

« *Tutto per l'amor della patria,* » ajoute la bonne vieille.

Je crois décidément que la Calabre est animée d'un meilleur esprit que la Sicile. Ici tout le monde vous appelle frère (*fratello*); et chacun fait son devoir simplement, avec une noblesse sans emphase.

Après déjeuner, nous nous aventurons dans la campagne, où j'admire quelques beaux types d'hommes et de femmes.

Une figure vraiment céleste frappe surtout mes regards. C'est une jeune fille admirable de grâce et d'expression; elle a une main posée sur la hanche et de l'autre elle tient sur sa tête une urne de forme antique.

Son costume, qui rappelle la Grèce, s'allie merveilleusement au caractère de sa beauté. Elle porte une jupe bleue, un corsage de même couleur brodé d'or, ouvert sur le devant, ce qui permet de distinguer les délicates attaches et les formes pures de son cou, malgré les nombreux plis d'une chemise aussi blanche que fine. Quant aux pieds, comme ils sont nus, je puis aussi en constater aisément la finesse et l'élégance.

Je reste là quelque temps, plongé dans une muette extase, car je n'ose faire un mouvement de peur de voir s'évanouir cette brillante apparition, qui comptera parmi mes meilleurs souvenirs d'artiste.

Sapri, Acqua-Fredda, le 5 septembre.

Après dîner, nous partons pour l'Acqua-Fredda (eau froide), à trois milles environ de Sapri, dans une barque manœuvrée par quatre matelots. L'expédition se compose de sept Italiens et de trois Français, sous la conduite du capitaine du *Benvenuto*.

Jamais je n'ai vu le ciel plus bleu et la mer plus calme. Les matelots, en soulevant leurs rames, font éclater toute la phosphorescence de cette mer toujours si belle et si poétique.

Partis à huit heures, nous débarquons à neuf heures sur une plage tout à fait nue. Ne trouvant point de chemin, chacun escalade les rochers comme il peut.

Au bout d'une demi-heure, l'un de nous trouve une pauvre vieille femme, couchée en plein air devant la porte de sa maison, qui semble nous prendre pour des bandits. Enfin, tant bien que mal, elle nous indique le chemin d'Acqua-Fredda, si toutefois on peut appeler chemin une espèce de sentier impraticable, et bon tout au plus pour les chèvres.

Après une heure de marche, nous apercevons quelques habitations et la pointe d'un clocher : nous poussons un soupir de soulagement; mais, hélas! c'est en vain que nous frappons à toutes les portes : personne ne répond : nous pourrions nous croire, avec un peu d'imagination, dans quelque ville enchantée des *Mille et une Nuits*. Nous allions en venir aux moyens extrêmes, quand tout à coup un campagnard s'approche de nous avec force saluts et génuflexions. Peu d'instants après, sa femme le rejoint et nous offre de l'eau pour nous rafraîchir, puis... de la paille pour faciliter notre campement à la belle étoile.

On demande alors à ces braves gens comment il se fait que toutes les maisons restent fermées. Ils nous répondent qu'à notre approche tout le monde s'est sauvé dans la montagne, le curé en tête.

Le capitaine du navire ajoute :

« Mais saviez-vous que nous étions des soldats de Garibaldi?

— *Signor, si!* répondent-ils, seulement on disait que vous étiez de méchantes gens. »

Acqua-Fredda, Sapri, le 6 septembre.

A notre réveil, nous voyons quelques habitants qui se sont décidés à descendre.

Nous faisons faire du café, et nous achetons des fruits que nous payons largement.

Ces braves gens reviennent alors de la mauvaise opinion qu'ils avaient conçue de nous, en nous prenant pour des brigands et des pillards.

Quelle misère et quelle ignorance dans ce pays! Les gens ne mangent même pas de pain. Les fruits composent presque toute leur nourriture. D'autre part, si vous leur montrez un livre, ils n'y voient que du blanc et du noir, car il n'y en a pas deux sur cent qui sachent lire.

Le gouvernement napolitain, dans un but trop facile à comprendre, empêchait l'instruction de se répandre dans les campagnes et condamnait ces populations si admirablement douées à la plus abjecte infériorité morale.

Sapri, le 7 septembre.

Nous apprenons ce matin que Garibaldi est entré hier soir à Salerne et qu'il y a été parfaitement accueilli.

Rien autre chose de nouveau. Je passe ma journée sur le pont à écrire.

Sapri, Policastro, le 8 septembre.

Garibaldi est à Naples. Il y est entré hier dans la journée, accompagné seulement de quelques-uns de ses amis[1].

[1] D'après M. Edwin James, témoin oculaire, Garibaldi passa

En dépit du temps qui paraît vouloir changer, je vais avec mes deux compatriotes faire une excursion à Policastro, au delà de Sapri, ville qui mérite à peine aujourd'hui le nom de village, car elle ne renferme pas plus de quatre cents âmes. On lui donne sans doute ce titre en souvenir de son importance passée, et parce qu'elle prête son nom au golfe qui s'étend devant elle. D'après un historien digne de foi, elle fut, en 1055, entièrement détruite par Robert Guiscard, et cinq siècles plus tard, elle fut encore saccagée par les Turcs. C'est depuis cette dernière époque que Policastro ne s'est plus relevée. Les marais environnants et les rizières qu'on y a établies, en viciant

par Eboli. A Salerne, il prit le chemin de fer. Sur tout le parcours du train, à chaque village, à chaque station, l'enthousiasme et la joie dépassaient toute expression. Les femmes présentaient des drapeaux, jetaient des fleurs sur les voitures et se disputaient la main du général pour l'embrasser. Les syndics lui adressaient des félicitations ; les prêtres et les moines, debout, entourés de leurs ouailles sur les collines, jetaient leurs vivats, et, tenant le crucifix d'une main, l'épée de l'autre, les agitaient dans l'air avec force bénédictions.

Au moment où le train passait devant la garde du roi, à Portici, les soldats jetèrent leurs bonnets en l'air et s'associèrent de tout leur cœur au cri de *Vive Garibaldi!*

l'air, ont sans doute aussi empêché l'accroissement de la population.

Indépendamment de nombreuses ruines, je remarque aussi dans ce pays une flore extrêmement riche; mais comme je ne suis ni archéologue, ni botaniste, je me dispenserai de faire une longue description de ces richesses aux doux parfums, aux brillantes couleurs.

En revenant, nous sommes assaillis par un orage épouvantable; nous nous réfugions dans une vieille tour romaine, et de là nous contemplons le grandiose spectacle d'un orage en mer.

A six heures, nous parvenons à nous sauver; nous trouvons sur le rivage l'ancienne compagnie de Flotte, attendant son embarquement.

A dix heures, le *Benvenuto* lève l'ancre, remorqué par un vapeur qui s'en va à Salerne.

En mer (Sapri), le 9 septembre.

Il est une heure du matin, le vapeur nous abandonne à nos propres forces.

Peu d'instants après, la mer devient grosse et le vent contraire. En un mot, nous essuyons une véritable tempête.

Le drapeau d'alarme reste arboré toute la journée. Malgré cela nous ne recevons aucun secours. Enfin, ne sachant que faire, le capitaine se décide à retourner à Sapri, où nous arrivons vers neuf heures du soir.

En mer, le 10 septembre.

A minuit nous repartons de Sapri avec un bon vent. Malheureusement les vents, comme « les destins et les flots, » sont changeants, si bien que la mer redevenant mauvaise et le vent contraire, nous voguons encore au hasard toute la journée.

Vers les sept heures, l'*Emma*, le yacht d'Alexandre Dumas, passe à côté de notre bâtiment, filant dans la direction de Naples. Je l'acclame d'un vivat qui m'est immédiatement rendu; puis l'un et l'autre bâtiment, en signe de salut, arborent pavillon, comme deux amis qui se tendent la main en se disant : Au revoir!

En mer, le 11 septembre.

Cette nuit, je me suis levé pour étudier le ciel et la mer; j'ai trouvé un ciel pur et une mer tranquille. En revanche, le navire ne bougeait pas plus que s'il était ancré. Au roulis fatigant des deux journées précédentes a succédé un doux et régulier balancement; nous sommes mollement bercés, comme des enfants qui s'endorment.

Le capitaine s'étant levé, je lui ai demandé ce qu'il pensait de ce temps; il m'a répondu que nous avions un calme plat.

« *Va bene!* ai-je repris; ainsi nous voici au milieu des eaux sans savoir quand nous toucherons la terre ferme. »

Quoi qu'il en soit, je prends gaiement mon parti de tout ce qui se passe autour de moi, persuadé que la bonne étoile de Garibaldi enverra sur nous quelques-uns de ses rayons.

Nous recevons dans la matinée la visite d'une partie des habitants de la mer.

Rien n'est plus curieux à voir que tous ces marsouins, ces dauphins, ces souffleurs et autres poissons de toutes formes, de toutes couleurs et de toutes grosseurs, exécutant à notre bénéfice,—comme l'autre jour devant Paola,— une fantasia aussi singulière qu'amusante.

Quelques coups de fusil tirés sans succès, il est vrai, sont leur récompense. Tel est l'homme : partout où il passe, il voudrait laisser des traces de sa violence.

Nous restons toute la journée à la même place, ce qui, on en conviendra, est d'une monotonie désespérante.

Enfin, dans la soirée, le vent se lève faiblement, et nous nous mettons à filer dans la direction de Naples, sans nous arrêter à Salerne, comme il en était d'abord question.

Le capitaine du *Benvenuto* nous apprend, au moment de se mettre à table, que ses provisions sont complétement épuisées et qu'il faut nous résigner à manger *à la fortune du pot.*

Nous ne le voyons que trop; notre dîner de ce soir consiste en macaroni bouilli et servi sans aucune préparation, et en eau corrompue, séjour habituel d'une myriade de petits reptiles et de petits poissons qui, vus au microscope, nous font l'effet de serpents monstrueux.

Chacun serre de son mieux la boucle de sa ceinture et gagne son hamac, où Lucullus, Philippe et Véry viennent, amère et cruelle ironie! nous visiter en rêve.

Toujours en mer (devant Capri), le 12 septembre.

L'aube du jour nous montre la petite île de Capri, encore toute pleine des souvenirs d'Auguste et de Tibère, mais célèbre aujourd'hui par son vin d'abord et ensuite par sa grotte d'azur, dont la découverte est attribuée à deux Anglais.

Nous restons devant elle toute la journée, à quarante mètres de distance, sans qu'il nous soit permis d'y descendre pour nous y réconforter un peu !

Le patron d'un petit bâtiment napolitain que nous rencontrons nous assure que Naples est toujours en fête, et que la famille royale s'est sauvée à Gaëte la veille du jour où Garibaldi a fait son entrée dans la capitale.

« Et le fort Saint-Elme? lui demandons-nous.

— Ah! (ici le patron se met à rire à gorge déployée) à peine arrivé à Naples, Garibaldi demande un bataillon de garde nationale de bonne volonté. Dix se présentent; mais il n'en prend qu'un, et avec lui s'en va tranquillement au fort Saint-Elme. Arrivé là, il agite un mouchoir en l'air en criant: *Io sono Garibaldi*[1]*!* et aussitôt le fort lui est livré par la garnison.

« De retour dans la ville, Garibaldi trouve les siens en train de faire le plan d'attaque de la bastille napolitaine.

« — Que faites-vous là? leur demande-t-il.

---

[1] Je suis Garibaldi.

« — Vous le voyez, général, nous pensons à prendre le fort Saint-Elme.

« Garibaldi sourit légèrement et leur dit simplement : « L'affaire est faite. » Puis, en peu de mots, il leur raconte sa visite au fort. »

Ce disant, notre narrateur se découvre en criant : *Viva Garibaldi! sempre Garibaldi!* (toujours Garibaldi), et sa barque s'éloigne lentement devant nous.

Bon gré, mal gré, nous mangeons du macaroni et buvons de l'eau d'hier...

Je dors une partie de la journée, car, dans cette situation, que faire à bord à moins que l'on ne dorme?...

Devant l'île de Capri. Naples, le 13 septembre.

Le navire, grâce à une légère brise, s'est avancé de tout un mille cette nuit.

Nous voyons maintenant tout ce beau golfe de Naples qui resplendit au soleil! Sorrente, Castellamare, Pompéi, Portici, le Vésuve, Naples enfin! sont là devant nous, à cinq milles, et nous n'y pouvons débarquer ! Maudit vent ! quand reviendras-tu ?

« Voir Naples et mourir ! » dit le proverbe ; pour mon compte, je ne veux pas mourir encore. Selon la poétique expression d'André Chénier :

Mon beau voyage est si loin de sa fin...

Je ne sais si mon désespoir a touché le vieil Éole, mais à deux heures le vent revient, et à quatre heures nous débarquons dans l'antique Parthénope, la Néapolis des anciens. Enfin, je puis dire adieu au *Benvenuto !*

Je remarque tout d'abord que les postes sont encore occupés par les soldats napolitains.

L'enthousiasme qui règne à Naples est indescriptible ; il me rappelle celui qui existait l'année dernière à Milan, au moment de la première guerre de l'indépendance.

Tout le monde porte les couleurs nationales, les hommes au chapeau ou à la boutonnière, les femmes et les jeunes filles à la ceinture, en sautoir, au cou ou dans les cheveux.

L'arrivée de Garibaldi a réveillé les plus

endormis. Partout c'est une fête sans mélange, une joie sans nom, un plaisir sans fin!

La garde nationale est surtout admirable de zèle et de patriotisme.

Le soir, la ville est illuminée *à giorno*.

Naples, le 14 septembre.

Les Garibaldiens se sont emparés dans la matinée des avant-postes de Capoue, y compris Caserte, Santa Maria et San Angelo.

Les royaux, dans cette affaire, ont laissé entre nos mains quatre cents prisonniers, sans compter les morts et les blessés; nos pertes, au contraire, sont extrêmement légères.

De nouveaux corps de troupes garibaldiennes ne cessent d'arriver à Naples. Ce sont notamment la brigade Éber, la division Turr, la brigade Médici, les carabiniers génois, les chasseurs de Florence, une compagnie du génie, les bersaglieri du major Garibaldi fils, les chasseurs des Alpes et la brigade de Milbitz.

La foule les accueille avec transport.

Je retrouve mon ami Szabad. Nous passons la soirée ensemble à parcourir les rues et à visiter quelques établissements.

Naples, le 15 septembre.

Les Hongrois de la brigade Éber ont repoussé ce matin deux charges de cavalerie; l'ennemi s'est retiré en désordre après avoir perdu quelques hommes.

Scillo est ici avec sa bande de partisans, prêt à marcher sur Venise quand le moment sera venu. C'est un beau jeune homme de vingt-cinq à vingt-six ans, et qui ne ressemble en rien à l'idée que je m'étais faite de lui avant de l'avoir vu et de lui avoir parlé.

La comtesse de la Torre suit toujours en amazone l'expédition de Garibaldi. Je la rencontre au moment où elle part pour Caserte; elle porte un petit chapeau rond orné d'une plume, une robe courte, ornée de passementeries à la hongroise, un large pantalon en toile et des bottes molles garnies d'éperons. Pour armes, elle a un revolver et un sabre de cavalerie, armes dont elle se sert, dit-on, avec une rare perfection.

Il y a ce soir quelques troubles à Santa Lucia. L'affaire se termine par l'arrestation d'un certain nombre de lazzaroni, gens fort disposés, comme on le sait, à mettre le désordre. Il paraît même que ces coquins-là sont les seuls qui soient sérieusement attachés à la personne de François II. Espérons que la police de Naples saura promptement en finir avec eux et les empêcher de crier : *Viva il re!* Bien que les cris soient la principale branche de leur industrie... Plus ils crient, plus ils gagnent !

Naples, le 16 septembre.

Garibaldi a autorisé, malgré la neuvaine du miraculeux saint Janvier de Naples, l'ouverture de San Carlo, ce qu'on regarde de sa part comme une audace aussi grande et aussi heureuse qu'a pu l'être l'attaque de Calatafimi et le débarquement de Reggio.

Alexandre Dumas vient d'être nommé, par le dictateur, directeur des musées royaux et des fouilles de Pompéi.

Le grand romancier est logé comme un prince au palais Chiatamone, où il s'occupe particulièrement, dit-on, de la publication des mémoires de Pline l'Ancien, trouvés dans les mines de Pompéi, lesquels mémoires paraîtront naturellement dans les colonnes du *Siècle*, avec la suite des mémoires inédits de Joseph Garibaldi.

Le général dictateur part ce soir pour Palerme, afin d'y rétablir l'ordre un peu ébranlé par la faute de M. le prodictateur Augustin Depretis.

Le bruit court que les royaux ont évacué Capoue. Cette nouvelle me paraît fausse.

Il n'y a eu aujourd'hui qu'un combat d'avant-postes à San Leucio.

Naples, le 17 septembre.

Je retrouve Van Imschott, mais malade et alité, à l'hôtel de *Genève*, ce qui ne l'empêche pas de me montrer tous ses travaux de la campagne. Il en a de fort beaux, et je ne désespère pas de lui voir exposer prochainement, à Bruxelles ou à Paris, de magnifiques tableaux dont les sujets seront empruntés à cette campagne si féconde en événements.

Pompéi, le 18 septembre.

Je pars de bonne heure pour Pompéi, en passant par Torre-del-Greco et Torre-del-Annunziata.

Il est onze heures, j'arrive à Pompéi; le temps est magnifique.

Je suis donc enfin parvenu à réaliser l'un de mes rêves de jeunesse. Je suis à Pompéi... Pompéi, qu'étant tout enfant je voyais déjà à travers les brouillards de mon imagination vagabonde.

Je me promène dans ses rues, sur ses places. Je visite ses maisons, ses temples, ses monuments, toutes ses richesses enfin, qui sont restées là pour attester aux vivants la grandeur et la puissance des anciens.

Le Vésuve, dans une de ses colères, a pu chasser les habitants de Pompéi; mais il n'a pu réussir à engloutir à jamais les vestiges de cette antique et majestueuse cité !

Le temps, au contraire, a respecté ses ruines, et la main des nouvelles générations les a exhumées de leur tombeau de cendre et de lave.

A part quelques gardiens, les lézards sont maintenant les seuls habitants de cette ville morte, autrefois si vivante.

Pompéi a vraiment l'aspect d'une ville que ses habitants ont abandonnée pour quelques instans; on croirait qu'ils sont allés courir à l'une de ces solennités religieuses qui se renouvelaient si fréquemment chez les païens.

La trace des chars sur les dalles, les boutiques ouvertes et garnies d'amphores, semblent vous dire : « Nous attendons tranquillement nos maîtres. »

Mais comment analyser toutes mes impressions? comment seulement décrire ce que je vois? Forum, temples, amphithéâtres, palais, villas, maisons, portes, tours, portiques, fontaines, tombeaux, pierres tumulaires, inscriptions; tout ici se confond avec une profusion sans égale, et cependant on assure que la moitié au moins de Pompéï est encore enfouie.

J'ai compté une trentaine de rues. Elles sont droites, pavées en lave, garnies de trottoirs des deux côtés. Les maisons sont presque toutes construites dans le même style. Les murs, à l'intérieur et quelquefois à l'extérieur, sont couverts de stuc très-brillant et peints de très-vives couleurs. Quant au pavé, il est ordinairement en mosaïque très-riche et d'un travail exquis, surtout dans les chambres à coucher, du reste fort petites et fort peu éclairées.

Les artistes de cette époque possédaient au suprême degré l'art de l'ornementation.

Comme l'histoire, tout indique ici que le peuple pompéien était un peuple énervé et crédule, préférant le plaisir au travail, mais gai et heureux.

Grâce à la douce poésie de la mythologie, sa superstition ne lui donnait que des impressions de bonheur. Tous les actes de sa vie y étaient attachés comme le fruit à la branche, la fleur à la tige. A chaque instant, un dieu était invoqué; le seuil même de sa maison, orné de fleurs, était dédié à une divinité; toute coupe de vin était précédée d'une libation, et ses ancêtres, sanctifiés, devenaient les dieux lares, les dieux protecteurs de son foyer.

Mais, à vrai dire, sauf les objets du culte, je ne vois rien de changé dans ce pays aimé du soleil. Au lieu d'écouter les oracles d'Iris ou d'Apollon, la foule se presse dans l'église pour adorer saint Janvier ou saint Étienne.

Entré par le théâtre tragique, je sors par le faubourg Augustus-Félix ou des Sépulcres, au bout duquel se trouve la porte d'Herculanum. En déblayant, on trouva à cet endroit un squelette, et à côté de lui un casque et une lance, ce qui fit supposer que c'était celui d'un soldat mort à son poste, esclave de la discipline.

Mais avant de dire au revoir à Pompéi, je jette un dernier regard sur tout ce qui m'entoure, car mes illusions sont telles qu'elles me font croire, pendant une minute, que rien n'est changé ici depuis dix-huit siècles... La nuit commence à tomber, je me figure que tous les habitants sont endormis; le Vésuve est toujours là, fumant et menaçant, et la mer semble encore presser avec volupté Herculanum, Pompéi, Stabie, filles chéries des flots et qui baignent leur pied dans la Méditerranée.

Naples, le 19 septembre, dix heures du soir.

C'est ce matin que s'est opéré le miracle de saint Janvier, si célèbre dans l'ex-royaume de Naples. A cette occasion, toutes les boutiques sont fermées et tous les habitants en fête.

Il paraît cependant que la cérémonie n'a pas eu le même éclat que sous l'ancien régime, ce qui n'a pas empêché non plus le miracle d'avoir lieu deux heures plus tôt que d'habitude, c'est-à-dire à neuf heures et non à onze, en l'honneur de Garibaldi, le héros du jour.

Il est vrai qu'en 1799, le général Championnet trouva le moyen de le faire arriver en dix minutes, grâce à l'obligeance du clergé.

Le miracle s'opère à l'église cathédrale, qui conserve derrière son maître autel, dans un tabernacle fermé par une porte d'argent, la tête de saint Janvier et deux fioles contenant une partie de son sang. On assure que ce sang se liquéfie toutes les fois qu'on l'approche de la tête du saint. Cette cérémonie s'accomplit trois fois par an, au mois de mai, au mois de septembre et enfin le 16 décembre [1].

Mais il bon de savoir comment les reliques du bienheureux saint Janvier se trouvent en la possession des Napolitains.

Jadis ces précieuses reliques appartenaient aux fidèles de Pouzzoles. Un jour le démon de

---

[1] Dans la chapelle souterraine de la cathédrale se trouvent douze petits autels, dont le principal sert de tombe au corps de saint Janvier, qui est conservé dans une urne de bronze.

la jalousie s'emparant des habitants de Naples, ils vinrent en foule à Pouzzoles assister à une procession dans laquelle la châsse de saint Janvier était solennellement promenée ; puis, tout d'un coup, ils se ruèrent sur les pauvres Pouzzoliens et parvinrent à leur arracher la châsse miraculeuse.

De mauvaises langues assurent même que pendant la lutte la châsse s'étant brisée, les reliques furent éparpillées, ce qui rendrait douteuse l'authenticité de celles existant à Naples.

Depuis cette époque mémorable, il règne une haine à mort entre les habitants de Pouzzoles et ceux de Naples. On se haïrait à moins!

Trois régiments de volontaires calabrais de la Basilicata ont fait tantôt leur entrée dans Naples, au milieu des bravos enthousiastes de la population. Tous ces nouveaux soldats de la liberté sont habillés et armés de la façon la plus pittoresque. On les prendrait pour un musée d'artillerie ambulant, tant leurs armes sont variées de formes et antiques de date pour la plupart.

Les drapeaux de ces régiments sont portés

par des prêtres, qui en cela se montrent vraiment les soldats du Christ. Ce fait donne une idée de l'enthousiasme qui règne ici, et surtout pour Garibaldi.

L'évacuation de Capoue avait été annoncée prématurément; ce qu'il y a de certain seulement, c'est que les nôtres viennent de remporter une très-brillante victoire à Caïazzo, contre deux régiments napolitains et plusieurs bataillons suisses, et que nous sommes dèslors maîtres de la rive droite du Volturne.

Malgré notre infériorité numérique, la forte position de Caïazzo a été enlevée à la baïonnette et l'ennemi reconduit jusqu'à Capoue, l'épée dans les reins.

Cette affaire fait le plus grand honneur au général Turr, qui dirigeait les opérations, ainsi qu'aux colonels Sacchi, Rustorr et Spangaro, placés sous ses ordres.

Nos pertes sont de dix-sept morts; parmi eux se trouve le vaillant colonel Puppi. Nous avons en outre cent trente-sept blessés, parmi lesquels on compte le baron Cozzo et le major Briccoli.

8.

Comparativement aux nôtres, les pertes de l'ennemi sont considérables : comme toujours les prisonniers sont assez nombreux.

Le général Turr a eu deux chevaux tués sous lui, et ce soir, après la bataille, il a été acclamé de toute l'armée.

Capoue est maintenant menacée sur ses flancs : la ville assiégée ne tardera pas à être cernée et isolée. On est en train d'établir des batteries, et tout fait prévoir que la place ne tardera pas cette fois à tomber en notre pouvoir.

Je tiens tous ces renseignements d'un officier qui a assisté à l'affaire. Je regrette de n'avoir pas eu le même bonheur que lui.

Les nouvelles qui proviennent des États romains causent une véritable joie à tout le monde. Chacun s'en entretient en termes chaleureux. On parle beaucoup du *cardinal Lamoricière*, dont le nom devient l'objet d'une foule de brocards et de commentaires peu flatteurs.

Garibaldi est déjà revenu de la Sicile. Qu'y a-t-il fait? nul ne le sait, car son voyage a été entouré du plus grand mystère[1]. A l'affaire de tantôt, il commandait en personne, et se portait sur tous les points avec son insouciance habituelle.

Le temps est aux conjectures, mais j'espère que la vérité ne tardera pas à sortir de son puits. Je m'abstiens donc prudemment de relever tous les bruits bizarres qui circulent à Naples, persuadé qu'un avenir prochain débrouillera le chaos.

On craint toujours quelque mouvement dans les quartiers des lazzaroni.

Naples, lé 20 septembre.

Dans sa dernière proclamation, Garibaldi parle de Rome comme s'il avait l'intention de l'attaquer. J'espère qu'il y regardera à deux fois avant de commettre une telle imprudence, car il doit bien savoir que les Français qui en ont la garde ne sont pas hommes à se laisser battre comme les Napolitains. Et d'ailleurs, marcher sur Rome, n'est-ce pas vouloir an-

---

[1] Garibaldi était allé à Palerme pour installer M. Mordini comme prodictateur à la place de M. Depretis.

nuler tous les résultats de la campagne? Il faut avouer qu'en exprimant cette résolution Garibaldi a été bien mal inspiré, ou plutôt bien mal conseillé. Tout le monde comme lui déplore la situation de Rome; cependant tout le monde aussi pense avec raison que le temps, « ce premier ministre de Dieu au département des choses terrestres, » ne tardera pas à juger cette question en dernier ressort. Il est inutile de se mettre en colère contre les faits; quand on ne peut vaincre une difficulté, il faut la tourner.

J'apprends ce soir que les royaux ont fait tantôt un retour offensif sur Caïazzo. Les garibaldiens, écrasés par le nombre et dépourvus d'artillerie, ont dû abandonner la position, après avoir subi quelques pertes assez sérieuses.

Naples, le 21 septembre.

Un décret du dictateur exile le général Bosco et le cardinal Sforza, et confisque tous les biens de l'Église.

Naples, le 22 septembre.

Je vais entendre, ce soir, le père Alexandre Gavazzi, chapelain de Garibaldi, qui prêche en plein air, sur la place Saint-François-de-Paule, en face du palais silencieux des Bourbons.

Ce moine-soldat porte naturellement sous son manteau la chemise rouge garibaldienne, et de plus un sabre, dont il s'est servi plus d'une fois contre les ennemis de sa patrie, notamment à Venise en combattant les Autrichiens.

Sur cette place, au clair de la lune, dans une chaire improvisée, ce Pierre l'Hermite de la croisade libérale captive la foule par un long sermon dont chaque phrase se termine par ces mots : *Unité! Victor-Emmanuel! Garibaldi!* et la foule d'applaudir et de crier : *Evviva!*

Ce sermon dure plus d'une heure et demie. Peu initié à la langue italienne, je n'en puis bien saisir tous les raisonnements ; mais, ce que je comprends, c'est que le père Gavazzi ne cesse de prêcher l'amour de la patrie et de la liberté, le respect de la concorde et de la justice.

Il blâme énergiquement les mauvais prêtres et les engage à se relever aux yeux de la nation par un peu de dévouement à l'Italie; il combat l'esprit de clocher, interdit les persécutions, déclarant que sans ordre rien n'est possible; en un mot, son sermon est celui d'un prêtre éclairé, d'un homme de cœur et d'un vrai soldat de l'indépendance nationale. De pareils titres assurément peuvent compenser ce qui manque d'élégance à des phrases senties et non apprises par cœur.

Je remarque aussi que le père Gavazzi montre souvent du doigt les statues de Charles III et de Ferdinand Ier, dues au ciseau de Canova, qui se trouvent devant lui, et qu'il désire voir remplacées par celles de Garibaldi et de Victor-Emmanuel.

A la fin, la foule semble vouloir se jeter sur l'image des Bourbons et l'anéantir dans un dernier acte de vengeance ; mais bientôt, oubliant le passé pour ne se souvenir que de son bonheur présent, cette foule émue se disperse en criant : « Vive l'Italie une et libre ! vive Garibaldi ! vive Victor-Emmanuel [1] !

Naples, le 25 septembre.

Garibaldi a déjoué cette nuit, à Caserte, une conjuration des royaux et des réactionnaires ; il ne s'agissait de rien moins que du massacre de tous les nôtres, qui, isolés les uns des autres et surpris pendant leur sommeil, n'auraient pu opposer une résistance sérieuse.

Le général, avec son instinct merveilleux, avait deviné le complot, et s'était empressé de faire lever tout le monde et de donner les ordres les plus sévères contre les conspirateurs.

Dans la ville il n'est bruit que de ce complot, et les habitants de Caserte sont mis à l'index.

On me montre dans la rue de Tolède, à la tête d'un détachement de volontaires, une des

[1] M. Félix Mornand a réuni les sermons du P. Gavazzi dans un volume très-intéressant publié chez Poulet-Malassis.

célébrités de l'armée garibaldienne, Marianna Crescenzo, connue sous le nom de Sangio-Vanara, surnommée la belle cabaretière de Piqua-Sicca, si célèbre à Naples et dans les environs depuis une dizaine d'années.

C'est une toute jeune femme, fort jolie, qui a laissé là son échoppe pour courir les hasards de la guerre et contribuer à la rédemption de son pays.

Tantôt, un drapeau ou un sabre en main, elle fond sur l'ennemi ; tantôt elle soigne les blessés, tantôt elle verse à boire aux combattants, tantôt enfin, revenant à Naples, elle provoque des manifestations populaires ; elle est partout la même, charmante fille et bonne patriote.

Sous l'ancien régime elle était parvenue, par son adresse, à limer les griffes à la police, si bien qu'elle rendait quantité de services aux proscrits et à leurs familles, en se chargeant des lettres et des envois d'argent, et souvent même en cachant chez elle des malheureux traqués par les sbires bourbonniens.

Plus tard, alors que nous marchions sur

Naples, elle faisait de la propagande, encourageait le peuple et distribuait les mots d'ordre. Il n'est pas de mission difficile dont elle ne se soit chargée avec succès; on l'a vue en tout lieu secouer l'engourdissement moral du peuple et l'encourager à prendre part à la lutte, et ce n'est pas trop avancer que de dire qu'elle a joué un rôle d'une certaine importance dans la dernière révolution napolitaine.

Lors de l'entrée de Garibaldi à Naples, elle parcourait les rues, vêtue d'une blouse rouge, en criant: *Viva Garibaldi! Italia una!* Elle eut l'honneur d'être embrassée très-cordialement par le libérateur, et depuis elle n'a cessé de professer pour lui une vive admiration, jointe à un dévouement de tous les jours [1].

---

[1] Un décret vient d'accorder une pension de cent quarante-quatre ducats à la Sangio-Vanara. Il est dit dans ce décret: « Considérant que dans les temps de la sombre tyrannie ladite Marianna a donné un exemple incomparable de courage civil et de constance dans la défense de la liberté... » Mais cette pension a, dit-on, été officiellement refusée par la belle patriote de Piqua-Sicca.

Naples, le 24 septembre.

Toutes les voitures et charrettes sont mises en réquisition pour le service du camp et le transport des blessés. C'est à grand'peine si je puis trouver un *corricolo* pour faire quelques courses. On s'attend à une grande affaire devant Capoue.

Un décret s'occupe de l'embellissement de Naples. Un partisan de l'annexion immédiate s'écrie : « N'embellissez point Naples et donnez des ambulances à l'armée !... »

L'*Indépendance italienne*, dans son numéro du 18, s'écrie emphatiquement : « Nous faisons connaître à ceux qui ne le savent pas que Mazzini est à Naples. Vigilance, citoyens, la patrie est en péril ! » Pourtant, que fait Mazzini à Naples ? — En homme de cœur et d'abnégation, il vit dans une modeste maison, et s'il parle quelquefois, c'est pour recommander l'ordre et l'union.

Les pessimistes iraient-ils jusqu'à lui contester le droit de vivre à sa guise, ou mieux encore, celui de respirer l'air de sa patrie ? Il faut avouer que certains libéraux entendent singulièrement le dogme de la liberté !

Naples, le 25 septembre.

Rien de nouveau.

Caserte, le 26 septembre.

Parti par le train de deux heures, j'arrive à Caserte à quatre heures.

Il règne ici un mouvement extraordinaire. Toutes les troupes sont sur pied, et deux mille volontaires viennent de partir à l'instant pour Santa Maria.

On s'attend à une sortie générale de l'ennemi.

Le lieutenant Casoni m'offre l'hospitalité au Palais-Royal. Je trouve dans sa chambre le capitaine Pellegrino, l'un des fils du comte Rossi, ex-ministre de Pie IX.

Caserte, le 27 septembre.

Je visite le palais. Il est de forme quadrilatérale, et les quatre corps de logis correspondent aux quatre points cardinaux.

Le portail du milieu donne accès sous un portique soutenu par soixante-quatre colonnes de marbre.

Le grand escalier est un magnifique morceau d'architecture. Il est orné de trois statues de marbre. Sur la droite, on me fait remarquer une plaque, de marbre aussi, dont les veines reproduisent, par l'effet du hasard, dit-on, le portrait de Napoléon Ier.

La chapelle est très-riche en marbres, en peintures et en dorures. En sortant de la chapelle, j'entre dans l'appartement royal, qui comprend trois salons splendides et une série de chambres somptueusement meublées et décorées. On désigne les principales salles de ce palais sous le nom de salles de Mars, d'Astrée et du Trône. Ce palais renferme aussi un théâtre de quarante loges, disposées sur cinq rangs.

En sortant du palais, j'entre dans les jardins ; ils sont en harmonie avec la magnificence de l'édifice ; on y voit des fontaines, des cascades, des bosquets, des statues, etc. Ils me rappellent, mais en grand, la magnifique villa Pallavicini, des environs de Gênes. Ce qui m'étonne le plus, c'est que François II ait pu si facilement se résoudre à perdre, sans les défendre, tant de merveilles.

Aujourd'hui tout est calme ; on attend toujours les royaux, qui ne se montrent pas.

Naples, le 30 septembre.

Les royaux dorment et les garibaldiens attendent leur réveil. Voilà la position depuis dix jours.

Comme nouvelle politique, j'apprends la retraite du colonel secrétaire d'État, Augustin Bertani, et son prochain départ pour Gênes, départ qui, autant que j'en puis juger, laissera fort peu de regrets à la population.

Un décret dictatorial constitue une pension annuelle à la famille d'Agésilas Milano.

Ce décret afflige les libéraux modérés, bien que Garibaldi, en le signant, n'ait fait que sanctionner les manifestations déjà produites en faveur des frères Bandiera et de Pisacane, Quant à la masse de la population, elle y reste assez indifférente, et paraît se soucier fort peu de savoir si l'Europe monarchique verra ou non dans ce fait l'apologie du régicide.

J'assiste ce soir, avec le capitaine Szabad, au théâtre San Carlo, à une représentation de *Macbeth*, opéra médiocre, suivi d'un ballet détestable.

Ce qui me frappe le plus dans l'opéra, c'est de voir les vieilles sorcières revêtues d'écharpes tricolores... Cela est charmant, en vérité!..

Pendant le ballet, un jeune Napolitain me fait remarquer que les danseuses ne portent des maillots couleur de chair que depuis le départ de *Bombetta*. « Avant, ajoute-t-il, elles étaient tenues d'avoir de longs jupons verts, et encore le jeune roi devait-il s'abstenir de les regarder ; quand elles paraissaient sur la scène, la reine mère lui faisait tourner les yeux d'un autre côté, mais la loge royale était garnie de glaces. »

Santa-Maria, le 1er octobre.

Je rentre chez moi mort de fatigue, et de plus blessé au pied gauche ; mais, du moins, j'ai reçu le baptême du feu !

Ayant appris, ce matin, que le feu avait recommencé, je suis parti à dix heures pour Caserte, en compagnie du capitaine Szabad, du lieutenant Pennazzi et d'un autre de mes amis.

En arrivant à Caserte, nous entendons parfaitement le bruit du canon. Tous les corps de réserve se tiennent prêts à partir. La légion hongroise, commandée par le colonel Mogyarady, est campée sur la place du château.

Le comte Alexandre Teleki nous offre le déjeuner du soldat en campagne. Il nous apprend que l'affaire est sérieusement engagée sur toute la ligne depuis le matin, et que les royaux nous disputent la victoire avec beaucoup d'acharnement. Il a aussi l'obligeance de me donner un petit plan des positions respectives, en me faisant observer combien nous avons encore de terrain à gagner. Nous demandons alors, un de mes amis et moi (tous deux soldats improvisés comme la plupart des volontaires), à avoir l'honneur de combattre dans les rangs de la légion hongroise.

Notre offre est acceptée avec empressement, et aussitôt nous sommes armés.

La légion hongroise est magnifique, pleine d'entrain et de courage; elle porte la veste des hussards, le pantalon rouge, et le képi vert et rouge, ainsi que le drapeau national de Hongrie, qui est aux trois couleurs comme celui d'Italie, avec cette différence que les couleurs sont placées horizontalement.

Je reviens sur la composition hétérogène de l'armée de Garibaldi. Rien n'est, en effet, plus curieux à observer que cette armée. On y rencontre des gens de toutes les nations, voire même des nègres du plus beau noir.

Ainsi, parmi nous, j'entends faire les commandements en cinq langues : en hongrois, en allemand, en italien, en français et en anglais, à cause d'un Américain du Nord, qui ne comprend absolument que sa langue maternelle... et encore le chinois!... Dieu me pardonne, j'aurai la tête dure, si je ne deviens pas polyglotte !

Je rencontre de nouveau, à Caserte, la comtesse della Torre, prodiguant ses soins à nos blessés avec un empressement et une abnégation dignes d'une vraie sœur de charité.

Vers une heure, la légion reçoit l'ordre de se porter en avant. Elle se met immédiatement en marche en chantant et en poussant des hourras frénétiques. Sur un champ de bataille, on ne pouvait oublier la France, aussi chante-t-on nos vieux refrains patriotiques et guerriers.

Tous nos nouveaux compagnons d'armes sont heureux de nous donner cette preuve d'estime. Pour moi, je conserverai toujours le meilleur souvenir de notre réception à la légion hongroise, et je me montrerai constamment fier d'en avoir fait partie.

A chaque pas nous rencontrons de pauvres blessés qui trouvent encore assez de force dans leur enthousiasme pour nous crier : *Viva l'Italia! Viva Garibaldi!...*

Je sens l'émotion me gagner et mon sang bouillonner dans mes veines.

A deux heures nous arrivons à Santa Maria. Le bruit du canon et de la fusillade parvient très-distinctement à nos oreilles; nous brûlons tous d'impatience et de plaisir. Jamais je n'ai rien vu ni éprouvé de semblable.

Après une halte de cinq minutes, nous reprenons notre marche en suivant un chemin sur notre droite.

On nous apprend, en route, que nous avons pour mission de rétablir la communication entre Santa Maria et Sant' Angelo, points importants que l'ennemi, grâce à une puissante artillerie, a séparés dans la matinée.

Arrivés à un petit carrefour, nous trouvons Garibaldi, entouré de plusieurs de ses officiers d'état-major, qui nous dit en bon français: « Mes enfants, sautez ce fossé qui est devant vous ; que la tête de votre colonne se déploie en tirailleurs, et que le reste attaque à la baïonnette. Je compte sur vous! — *Vive Garibaldi!* est notre seule réponse. Nous sautons le fossé, et nous nous élançons au pas de course.

L'avouerai-je? à ce moment, j'éprouve un sentiment que je ne puis guère définir, mais que tous les soldats ont dû éprouver bien certainement en allant au feu pour la première fois. Ce n'est pas ce sentiment qui prend sa source dans l'instinct de la conservation personnelle, et qui s'appelle la *peur;* mais c'est plutôt une angoisse passagère, une tristesse profonde. Tous ceux qui me sont chers passent rapidement devant mes yeux, et j'adresse un adieu mental à mon pays, à ma famille, à mes amis.

Je suis bientôt rappelé à moi-même par les projectiles qui sifflent à mes oreilles et tombent à mes côtés avec une abondance et une précision dont on ne peut se faire une idée sans y avoir assisté. Grand Dieu! quel vacarme! Je dois le dire, pour être vrai, pendant quelques minutes je baisse involontairement la tête sans me rendre un compte exact de l'opportunité de mes mouvements. Je ne savais plus alors, comme je le sais maintenant, quelle quantité de poudre et de plomb il faut dépenser pour tuer un seul homme. Dans un pareil moment, il est bien permis d'oublier toutes les statistiques du monde.

Mon ami et moi nous faisons partie des tirailleurs; nous devons surtout tendre à déloger les royaux de trois maisons qu'ils occupent devant nous et d'où ils nous causent un sensible dommage.

Nous partons une douzaine, ayant à notre tête le colonel d'état-major Ruston, dont j'ai l'occasion d'admirer l'audace et le sang-froid.

A peine avons-nous fait quelques pas que déjà nous nous trouvons en présence de l'ennemi... J'ajuste, le coup ne part pas! Je remets, de la sorte, six capsules à mon fusil! pas d'explosion; ma cheminée est bouchée, et l'ennemi est là, à dix pas devant moi! Le désespoir me rend presque fou.

Enfin, je jette mon fusil et je saisis mon revolver, bien décidé à défendre chèrement ma vie. Un brave Hongrois, plus expérimenté que moi, a fort heureusement la bonne idée de m'arranger mon fusil et de me le repasser. Je puis alors faire le coup de feu comme mes camarades et jouir de la satisfaction de voir tomber quelques-uns de nos adversaires.

Nous marchons toujours, délogeant partout l'ennemi de ses positions.

A la dernière maison, un feu bien nourri nous accueille; on se compte, nous ne sommes plus que cinq, les autres sont tués ou blessés. Il n'y a pas à hésiter. Au cri de: « En avant! » nous nous précipitons dans la maison, et l'ennemi se sauve aussitôt, en laissant un des siens entre nos mains.

Notre pauvre diable de prisonnier se met à pleurer comme un enfant, à nous baiser les mains et à crier: « Vive Garibaldi! » en se jetant à nos genoux.

Son attitude nous laisse deviner qu'il craint d'être fusillé; je m'empresse de le rassurer; je lui fais comprendre que nous n'imitons pas la conduite des royaux et que nous savons, après la victoire, nous montrer humains et généreux.

En sortant de cette maison, nous nous trouvons en présence d'un détachement de dragons qui se sauve à bride abattue. On tire sur eux, mais sans grand succès. Mon ami est assez heureux pour démonter un cavalier.

C'est à ce moment que je suis blessé au pied gauche par un éclat d'obus que je ramasse et que je conserve précieusement, comme un souvenir de la guerre de l'indépendance italienne de 1860. Malgré cette blessure, — légère, il est vrai, — je continue à marcher comme si de rien n'était, jusqu'à la fin de la journée.

Il est alors environ dix heures.

D'un autre côté, sur la gauche, le gros de la légion hongroise ainsi que les autres corps ont repris toutes les positions et gagné énormément de terrain, après avoir culbuté partout l'ennemi avec une égale valeur.

Plusieurs pièces d'artillerie sont enlevées aux royaux et leur feu commence à se ralentir sensiblement.

Nous prenons congé du champ de bataille, emmenant avec nous notre prisonnier, que nous laissons à Sant'Angelo tout chaud encore des luttes sanglantes qui y ont eu lieu depuis le matin jusqu'à la dernière heure.

Nous pouvons alors juger des pertes de la journée. Le chemin est partout jonché de cadavres d'hommes et de chevaux. C'est horrible à voir! Cette image de la mort me fait involontairement détourner les yeux à différentes reprises. Tout en me rappelant les fortes émotions de la bataille, je me livre à des réflexions philosophiques. Je regrette cette dure nécessité qui pousse les hommes à se tuer mutuellement; puis le mot liberté revient à mon esprit, et je me dis que les hommes ne sauraient payer trop cher ce bien inestimable.

Ah! que ceux qui me demandent ce que je suis venu faire en Italie se pénètrent bien de ce passage des *Paroles d'un croyant*, que j'ai appris par cœur et qui sera ma réponse : « Je vais combattre pour délivrer mes frères de l'oppression, pour briser leurs chaînes et les chaînes du monde. Je vais combattre contre les hommes iniques, pour ceux qu'ils renversent et foulent aux pieds; contre les maîtres pour les esclaves, contre les tyrans pour la liberté ! »

Nous arrivons à Sant'Angelo en même temps que Garibaldi, que nous avons le plaisir de saluer en passant.

Je l'ai rencontré partout où il y avait du danger, marchant comme un simple volontaire et encourageant constamment ses soldats de la voix et du geste.

La compagnie française s'est glorieusement défendue dans la ferme qu'elle occupe sur la droite de la route de Capoue. A propos de la compagnie française, voici un mot qui m'est rapporté et où se retrouve cette gaieté moqueuse, spéciale à notre pays :

Un soldat a son képi enlevé par un projectile.

« Malhonnête, dit-il, crois-tu donc qu'il soit prudent de rester tête nue par le temps qu'il fait ? »

Et de son mouchoir il se confectionne une autre coiffure en continuant à marcher.

Les colonnes Bixio (à Maddaloni), Turr, Cosenz, Eber et Medici, ainsi que la légion Dunne ont également donné avec un rare courage. Le colonel et le major de la légion anglaise ont été blessés, ce dernier assez grièvement. On dit même que des canonniers du vaisseau le *Renown* ont coopéré à la lutte en se joignant aux garibaldiens.

Quant à ma légion, elle s'est fait écharper en combattant contre la cavalerie. La moitié environ des hommes sont tués ou blessés. Les officiers ont donné l'exemple du courage avec une rare intrépidité. Deux d'entre eux sont blessés mortellement. Cette belle légion est affreusement décimée[1].

---

[1] « En petit nombre, mais remarquables par leur valeur, de jeunes hommes, les Hongrois, les Français, les Anglais, qui faisaient l'orgueil de l'armée méridionale, ont soutenu dignement la réputation guerrière de leur nation respective.... C'était un beau spectacle que de voir les vétérans hongrois marcher au feu avec le même ordre et la même impassibilité que s'ils allaient à un champ de manœuvre ; leur intrépidité ne contribua pas peu à la retraite de l'ennemi. »

(Ordre du jour de Garibaldi sur la bataille du Volturne.)

« Soldats de la première brigade, *piccioti* siciliens, je suis fier d'avoir en vous des soldats qui seront sous peu des généraux, de même que je regrette d'avoir des officiers qui ne seront sous peu que des soldats. »

(Ordre du jour de Bixio.)

Au reste, tout le monde, dans cette journée, a noblement fait son devoir; officiers et soldats ont rivalisé d'ardeur. La milice nationale du pays, en très-petit nombre il est vrai, a de son côté répondu à l'attente générale en donnant partout où il y avait du danger.

Somme toute, l'affaire a été chaude et la victoire complète. Les pertes de l'ennemi sont énormes, relativement aux nôtres; les prisonniers sont en outre très-nombreux. On parle de deux mille.

Nous sommes maintenant à une demi-portée du canon de Capoue, et nous occupons tous les petits villages qui se trouvent autour de la ville. On s'attend d'un instant à l'autre à repasser le Volturne et à reprendre la position de Caïazzo, que nous n'avons pu garder, faute d'artillerie.

Peu familiarisés avec les chemins, nous faisons au moins cinq lieues pour venir de Sant' Angelo à Santa Maria. Au lieu de suivre exactement la route qui mène d'un pays à l'autre, nous nous égarons d'abord dans le chemin de San Leucio, et ensuite dans celui qui va de

Casanova à San Prisco. Blessé comme je le suis, cette course intempestive m'a énormément fatigué.

En dépit de ma blessure, je m'estime fort heureux d'en être quitte à si bon marché, car si je suis encore de ce monde, ce n'est pas tout à fait de ma faute.

Mon pied enflant à vue d'œil, je rentrerai sans doute demain à Naples pour me faire soigner, afin d'être en mesure de retourner promptement au feu. L'odeur de la poudre a un attrait tout particulier; quand elle vous a enivré une fois, c'est fini, il faut que vous la sentiez de nouveau.

Je vais tâcher de trouver un lit pour cette nuit. Je l'ai bien gagné, et je puis dire comme Titus : « Je n'ai pas perdu ma journée[1]. »

. . . .

---

[1] Un de mes compatriotes, M. J. Mordant, a adressé à l'*Opinion nationale* la lettre suivante, datée de Maddaloni, 4 octobre :

« La bataille que nous venons de livrer (le 1er), a été sanglante sur toute la ligne. Ce n'était pas des soldats du pape que nous combattions, mais des gens ayant soif de vol et de rapine (choses qui leur étaient promises), et qui ont fait un der-

Santa-Maria et Naples, le 2 octobre.

Je prends le second train du matin pour retourner à Naples.

En arrivant à Caserte, j'aperçois des cavaliers ennemis qui se sauvent à toute bride.

A la station, j'apprends qu'une colonne royale, forte de quatre mille hommes, marchant isolée, a poussé une reconnaissance plus qu'imprudente sur Caserte, où elle a été cernée et faite prisonnière presque sans combat ; un escadron de cavalerie seul est parvenu à se sauver.

Arrivé à Naples, j'appelle un ministre d'Esculape. Pour tout pansement, le médecin na-

---

nier effort pour reconquérir ce qu'ils avaient perdu. Couchés à terre, ils frappaient encore ceux qui venaient les soigner, et j'ai vu de mes yeux une de nos cantinières frappée d'un coup de stylet en bandant la plaie d'un soldat ennemi. Garibaldi se portait partout au plus dangereux de la mêlée, excitant de la voix et de son épée cette nuée de combattants qui, après huit heures d'un combat acharné, sont enfin restés victorieux.

« J. Mordant. »

politain applique sur ma blessure une feuille de salade et un peu de beurre...

Je doute fort de l'efficacité du remède, mais je me console en pensant que j'aurai toujours le droit de changer de médecin et de traitement.

J'apprends avec peine que l'un des deux officiers hongrois, blessés dans nos rangs à la journée d'hier, est mort le soir même en prononçant le nom de sa patrie ; l'autre, le lieutenant Kanyok, a été amené dans un état désespéré au couvent des Carmes de Naples... Pauvres Maggyars ! quand donc verrez-vous le triomphe de votre cause récompenser vos nobles efforts ?

Naples, le 3 octobre.

Le marquis Georges Pallavicino Trivulzio, nommé prodictateur à Naples, vient d'adresser à M. Mazzini la lettre suivante.

A GIUSEPPE MAZZINI.

« L'abnégation a toujours été la vertu des

hommes généreux. Je vous crois généreux, et aujourd'hui je vous offre une occasion de vous montrer tel aux yeux de vos concitoyens.

« Représentant du principe républicain et combattant invaincu de ce principe, vous réveillez, en demeurant parmi nous, les défiances du roi et de ses ministres.

« En outre, votre présence dans ce pays crée des embarras au gouvernement, et, pour la nation, des dangers qui mettent en péril cette concorde qui tournera inévitablement à l'avancement et au triomphe de la cause italienne.

« *Même sans le vouloir vous nous divisez;* faites donc acte de patriotisme en vous éloignant de ces provinces. Aux anciens sacrifices, ajoutez le nouveau sacrifice que vous demande la patrie, et la patrie vous en sera reconnaissante.

« Je vous le répète, même sans le vouloir, vous nous divisez, et nous avons besoin de réunir en un seul faisceau toutes les forces de la nation.

« Je sais que vos paroles prêchent la concorde, et je ne doute pas que les faits ne répondent aux paroles ; mais tous ne vous croient pas, et nombreux sont ceux qui abusent de votre nom dans le but parricide de lever en Italie un autre drapeau.

« L'honnêteté vous enjoint de mettre fin aux soupçons des uns et aux manœuvres des autres. Montrez-vous grand en partant, et vous aurez les louanges de tous les bons.

« Je suis heureux de me dire votre très-dévoué,

« Giorgio Pallavicino. »

L'ex-triumvir de Rome répondra-t-il à cette invitation par une fin de non-recevoir ? Je le crois.

Naples, le 4 octobre.

Je ne connais rien d'ennuyeux comme d'être condamné à rester enfermé dans une chambre, quand tout le corps, sauf un pied, se porte à merveille, et que tout, autour de vous, vous invite à sortir.

Cette situation, dans laquelle je me trouve, est capable d'ébranler mon système nerveux. Je crois même que j'en perdrai l'appétit... Il est vrai que mon pied mange pour moi : une salade entière et un quarteron de beurre en trois jours!...

Ce traitement ayant fait enfler mon pauvre pied outre mesure, je me vois dans la nécessité d'appeler un docteur français pour me faire soigner moins *grassement.*

Avis aux blessés !

« La médecine napolitaine, me dit mon compatriote, consiste en trois choses : à saigner, à purger et quelquefois à frictionner avec du sublimé ; ne demandez rien de plus aux médecins napolitains, la Faculté ne leur en apprend pas davantage. »

Bien que ce jugement me paraisse un peu exagéré, je dois reconnaître qu'il ne manque pas de fondement, surtout en ce qui concerne la saignée.

Dans les Deux-Siciles, le rôle du *Salassatore*, ou saigneur est considérable. On se fait saigner comme on se fait raser, et, du reste, il n'y a guère de différence entre la boutique du barbier et celle du salassatore. Celle-là a pour enseigne une main tenant un rasoir au-dessus d'une tête; celle-ci, un pied bandé d'un linge taché de sang [1].

Le bruit court que la garnison de Capoue a demandé à se retirer sur Gaëte avec les honneurs de la guerre : mais que Garibaldi n'a point voulu lui accorder de capitulation, dans la certitude où il est que le manque de vivres la forcera prochainement à se rendre à discrétion.

Naples, le 5 octobre.

Il paraît que tous les prisonniers (six mille environ) qui arrivent à Naples sont unanimes pour déclarer que le secours des Autrichiens leur était promis par leurs chefs. Ils s'étonnent même de n'en point rencontrer dans la ville, et quand on leur demande ce

---

[1] La saignée se fait au pied et quelquefois, mais rarement, à la main.

qu'ils pensent de l'issue de la guerre, ils vous répondent que la cause de François II est perdue et que Capoue ne tardera pas à se rendre.

Secours de l'Autriche, espoir de pillage : voilà donc le secret de la résistance de ces malheureux.

De ma chambre j'entends crier dans la rue : *Il forte di Baïa è rèso!* (le fort de Baïa est rendu). Je m'informe, et j'apprends effectivement que cette forteresse, occupée par deux cents hommes de garnison, artilleurs et vétérans, sous les ordres du major Livrea, s'est rendue, ce matin, à une compagnie des chasseurs du Vésuve, envoyée par Garibaldi.

Le commandant Livrea avait promis, à diverses reprises, de se faire sauter; mais, en homme prudent, il a préféré prendre le parti le moins dangereux, celui de se rendre et de livrer les approvisionnements de poudre et de munitions destinés à Gaëte. — Victor-Emmanuel est attendu à Naples.

Aussitôt que le roi sera arrivé, le dictateur doit remettre entre ses loyales mains les pou-

voirs qui lui ont été conférés par le peuple des Deux-Siciles. . . . .
. . . .

Naples, le 6 octobre.

Le prodictateur vient d'adresser au peuple napolitain cette remarquable proclamation :

« Citoyens! Appelé par le héros qui vous a délivrés par une série de miracles, je viens partager avec vous les fatigues et les périls qui accompagnent la grande entreprise à laquelle nous nous dévouons en faveur de l'Italie. Vieilli dans les batailles de la liberté, j'aurais droit au repos que tout soldat peut réclamer après une longue et laborieuse carrière militaire; mais la patrie m'appelle, et jamais je ne fus sourd à sa voix.

« Citoyens! Au nom du dictateur, je vous promets un avenir splendide; je promets à ces nobles provinces, *Victor-Emmanuel régnant*, l'ordre avec la liberté, et cela signifie, citoyens, administration impartiale de la justice, base de tout gouvernement civil; je désire la réorganisation de l'armée et de la flotte; l'accroissement et une meilleure organisation de la garde nationale, des écoles primaires, des voies ferrées, des encouragements de tout genre à l'agriculture, au commerce, à l'industrie, aux arts, aux lettres et aux sciences; le respect à la religion et à ses ministres, qui doivent être les apôtres du Christ, et non ceux du Bourbon.

« Mais, surtout, le nouveau gouvernement provoquera l'unification, besoin suprême de l'Italie. L'Italie ne doit pas placer sa confiance dans la protection étrangère, ni dans les clameurs bruyantes de quelques sectes impuissantes, mais bien dans la concorde et les armes italiennes. Armons-nous donc et unissons-nous tous sous le drapeau tricolore avec la croix de Savoie, arboré par le sauveur des Deux-Siciles : voilà l'oriflamme, voilà le palladium de la nation.

« Réunissons-nous tous autour de lui en criant : *Vive Garibaldi! Vive le roi galant-homme! Vive l'Italie! l'Italie une et indivisible! l'Italie pour les Italiens!* ... »

Un document non moins remarquable est la réponse faite par Mazzini au marquis Georgio Pallavicino :

« Je crois, lui dit-il, avoir un esprit généreux, et c'est pour cela que je réponds par un refus à votre lettre du 5, que je lis aujourd'hui seulement dans l'*Opinion nationale*. Si je ne devais céder qu'à la première impulsion et à la fatigue d'esprit, je partirais de la terre que je charge, pour me retirer là où la liberté des opinions est laissée à tout le monde, où la loyauté de l'honneur n'est pas mise en doute, ou qui a travaillé et souffert pour le pays, ne croit pas de son devoir de dire au frère qui a aussi travaillé et souffert : « Partez ! »

« Vous ne donnez d'autres raisons de votre proposition, si ce n'est l'affirmation que, sans le vouloir, je divise. Je vous donnerai les raisons de mon refus :

« Je refuse, parce que je ne me sens pas coupable, ni cause de danger pour le pays, ni machinateur de projets qui puissent lui être funestes, et que je semblerais m'avouer tel en cédant;

« Parce que, Italien en terre italienne reconquise à la libre vie, je crois devoir représenter et soutenir en ma personne le droit que tout Italien a de vivre dans sa propre patrie, lorsqu'il n'en attaque pas les lois, et le devoir de ne pas céder à un ostracisme immérité ;

« Parce qu'après avoir contribué à élever, autant qu'il était en moi, le peuple d'Italie à la hauteur des grands sacrifices, il me semble qu'il est temps de l'élever par l'exemple à la conscience de la dignité humaine, trop souvent violée, et à la maxime oubliée par ceux qui s'intitulent prédicateurs de concorde et de modération ; parce que l'on ne fonde pas sa liberté sans respecter celle d'autrui ;

« Parce qu'il me semblerait, en m'exilant volontairement, insulter à mon pays, qui ne peut, sans se déshonorer aux yeux de l'Europe, se rendre coupable de tyrannie ; au roi, qui ne peut craindre un individu sans se reconnaître faible et mal assuré dans l'affection de ses sujets; aux hommes de votre parti, qui ne peuvent s'irriter de la présence d'un homme déclaré par eux, et à chaque instant seul et abandonné par tout le pays, sans se démentir;

« Parce que le désir de me voir exilé vient, non, comme vous le croyez, du pays, du pays qui passe, travaille et combat sous les drapeaux de Garibaldi, mais du ministère turinois, envers lequel je n'ai aucune dette, et que je crois funeste à l'unité de la patrie ; mais des intrigants et des gazetiers, sans conscience, sans honneur et sans moralité nationale, sans culte, si ce n'est pour le pouvoir existant, quel qu'il soit, et que, par conséquent, je méprise; mais du vulgaire, des crédules oisifs qui jurent, sans plus d'examen, par la parole du Tout-Puissant, et que, par conséquent, je plains ;

« Finalement, parce que, en arrivant, j'ai reçu la déclaration, — elle n'est pas encore révoquée, — du dictateur de ce pays, que j'étais libre sur la terre des libres.

« Le plus grand des sacrifices que j'aie jamais pu faire, je l'ai fait, lorsque interrompant par amour de l'unité et de la concorde civile, l'apostolat de ma foi, je déclarai que j'acceptais, non par respect pour les ministres ou les monarques, mais pour la majorité illusionnée, et, ce n'est pas peu dire, du peuple italien, — *la monarchie*, prêt à coopérer avec elle pourvu qu'elle fondât l'unité, et que si jamais, dégagé par ma conscience, je reprenais notre vieux drapeau, je l'annoncerais loyalement d'abord et publiquement à mes amis et ennemis. Je ne puis donc en accomplir un autre spontanément.

« Si les hommes loyaux, comme vous l'êtes, croient à ma parole, il est de leur devoir de s'attacher à convaincre, non pas moi, mais mes adversaires, que la voie d'intolérance qu'ils suivent est le seul ferment d'anarchie qui existe aujourd'ui.

« S'ils ne croient pas à un homme qui depuis trente ans combat comme il le peut pour la nation, qui a appris à ses accusateurs à balbutier le nom d'unité, et qui n'a jamais menti à âme vivante, qu'il en soit de même d'eux. L'ingratitude des hommes n'est pas une raison pour que je doive m'incliner volontairement devant leur injustice et la sanctionner. »

Cette réponse, on le reconnaîtra, à quelque parti qu'on appartienne, respire une certaine grandeur.

Naples, le 7 octobre.

On m'assure que le roi de Gaëte a l'intention de renforcer son armée par de nouvelles recrues, et que, pour répondre au désir de ses fidèles sujets qui lui demandent des armes, « il a décidé la formation d'une brigade de volontaires » dont le commandant serait le comte Théodore de Lagrange [1].

Pourquoi faire? Probablement pour allumer la guerre civile dans les Abruzzes, sous le patronage du saint-siége. Légitimistes et cléricaux s'entendent si bien, que c'est vraiment plaisir de les voir travailler ensemble.

. . . .

[1] Ce prétendu comte de Lagrange n'est point Français. C'est un Prussien nommé Kletsch, qui a ajouté à son nom patronymique celui d'un de ses parents éloignés, d'origine française.

Naples, le 9 octobre.

Il y a eu cette nuit une canonnade sous Capoue, et, à la suite, une suspension d'armes de deux heures pour enterrer les morts.

. . . .
. . . .

Naples, le 11 octobre.

Le journal officiel publie un décret du dictateur qui contient la formule de plébiscite suivant :

« *Le peuple veut l'Italie une et indivisible avec Victor-Emmanuel pour roi et ses descendants légitimes.* »

Les élections auront lieu le 21. On votera par oui ou par non. Naples est en fête.

Victor-Emmanuel est arrivé à Grottamare, où il a établi son quartier général.

Son manifeste d'Ancône est l'objet de toutes les conversations et la réalisation des plus chères espérances de la population. J'y remarque le passage suivant: — « Peuples de l'Italie méridionale! mes troupes s'avancent parmi vous pour consolider l'ordre : je ne viens point vous imposer ma volonté, mais bien faire respecter la vôtre. Vous pourrez librement la manifester. La Providence qui protége les causes justes, inspirera le vote que vous déposerez dans l'urne. Quelle que soit la gravité des événements, j'attends avec calme le jugement de l'Europe civilisée et celui de l'histoire, parce que j'ai la conscience d'accomplir mes devoirs de roi et d'Italien.

« Ma politique ne sera peut-être pas inutile pour réconcilier en Europe le progrès des peuples avec la stabilité des monarchies. Je sais que je mets un terme, en Italie, à l'ère des révolutions.

« 9 octobre 1860.

« Victor-Emmanuel. »

Naples, le 12 octobre.

Le premier numéro de l'*Indipendente*, journal d'Alexandre Dumas, vient de paraître en italien.

En tête du programme se trouvent ces lignes :

« Le journal que va fonder mon ami Dumas portera le beau titre d'*Indépendant*, et il méritera d'autant mieux ce titre qu'il frappera sur moi tout le premier, si jamais je m'écarte de mes devoirs d'enfant du peuple et de soldat humanitaire.

« G. Garibaldi. »

Dumas promet de publier des lettres de Lamartine, de Victor Hugo, de Michelet, d'Alphonse Karr, de George Sand, d'Émile de Girardin, de Montanelli et de Dall' Ongaro.

Ce premier numéro fait sensation, mais je doute fort qu'il ait la sympathie des directeurs des autres journaux, qui ne manqueront pas de voir dans l'apparition de l'*Indipendente* un concurrent redoutable au double point de vue des opinions politiques et des intérêts pécuniaires.

Peut-être même ne tarderont-ils pas à reprocher amèrement à Dumas de s'être entouré de Muratori et de Thomas Dajou, gens bien connus pour avoir appartenu à l'ancienne police de Bomba.

Naples, le 15 octobre.

Les nouvelles du camp sont très-bonnes :

Cette nuit, deux patrouilles se rencontrent, l'une sur la rive droite, et l'autre sur la rive gauche du Volturne.

« Qui va là ? » demande la patrouille garibaldienne.

« Frères, » répond la patrouille napolitaine.

Et les soldats des deux camps mettent bas les armes et engagent une conversation de l'une à l'autre rive.

La conversation des royaux finit en disant que cinq à six mille des leurs voulaient déserter, mais que le fleuve les empêchait de passer.

« Soyez tranquille, dit alors la patrouille garibaldienne, nous ne tarderons pas à passer le Volturne... Sachez attendre. Bonne nuit ! »

Tous les habitants de la ville et des environs portent le mot *si* (oui) à leurs chapeaux ou à leurs boutonnières, et ce n'est pas trop préjuger que de dire que le vote sera presque unanime pour l'annexion.

Il y a eu ce matin une petite manifestation..... sur commande.

En passant dans la rue de Tolède, Garibaldi entend plusieurs agents de police crier : *Fuori Mazzini! Abasso Crispi!* Ensuite il rencontre Gambardella, le Cicero-Vecchio de Naples, qui le prie de rétablir la tranquillité et d'empêcher les cris proférés contre tel ou tel. Garibaldi l'écoute avec beaucoup d'intérêt, lui promet satisfaction et l'emmène dîner avec lui.

Pendant que ceci se passe, le ministre Conforti se montre au peuple, au palais de la Foresteria, pour y faire un long et mauvais discours.

Peu d'instants après, le dictateur se montre aussi au peuple, qui le réclame et le salue de cris frénétiques. Garibaldi engage les Napolitains à laisser passer avec calme cette époque de transition; il leur annonce la prochaine arrivée de Victor-Emmanuel et de son armée, et finit en disant que devant l'unité italienne, tous les partis doivent disparaître et les opinions se fondre en une seule, celle de la régénération de la patrie commune.

Le peuple recommence à crier : *Viva l'Italia! Viva Garibaldi! Viva Garibaldi!*

Depuis lors, nous jouissons d'une tranquillité relative. Cependant on craint toujours; quoi? je n'en sais trop rien, en vérité, mais enfin on craint quelque chose, et principalement le départ de Garibaldi.

Naples, le 14 octobre.

Les volontaires anglais (au nombre de neuf cent-quarante, outre l'état-major et la musique) tous parfaitement équipés et armés, sont arrivés ce matin sur les paquebots l'*Emperor* et le *Milazzo*.

Ils ont reçu une chaude réception. Aux cris de : *Vive l'Angleterre!* poussés par la population, les fils d'Albion ont répondu par ceux de *Vive l'Italie! Vive Garibaldi!* La musique de la garde nationale, envoyée au lieu du débarquement, a joué le *God save the queen*, et les mêmes ovations ont accompagné nos nouveaux compagnons d'armes jusqu'à la caserne du *Reclusorio*, où ils vont passer la nuit pour se remettre un peu des fatigues de leur voyage.

La frégate *Marie-Adélaïde* et le paquebot le *Mozambano*, venant d'Ancône, ont amené un grand nombre de soldats piémontais de la brigade de Savoie.

Ils ont également reçu de la population et de la garde nationale un accueil très-sympatique.

Les neuf mille hommes qui depuis quinze jours tenaient les avant-postes de Saint-Ange et de Sainte-Marie ont enfin un moment de repos. La brigade de Basilica, commandée par le brigadier-colonel Corte, est seule restée avec l'artillerie à Sant'Angelo. La division Bixio, le 1ᵉʳ régiment piémontais et trois bataillons de bersaglieri sont allés les renforcer.

Pendant que ce mouvement de troupes s'opérait sur toute la ligne, une vive fusillade s'engageait de part et d'autre, et la place de Capoue faisait feu de toutes ses pièces.

A ce moment Garibaldi était sur les hauteurs de San Leucio, pour observer les positions de l'ennemi.

Durant le déjeuner, les grenades ne cessaient de pleuvoir autour de lui, à ce point que l'une d'elles tomba même à quelques centimètres du lieu où il se tenait.

Quelques-uns de ses officiers d'état-major poussèrent un cri d'épouvante; mais lui ne fit pas un seul mouvement, et conserva son sang-froid habituel. La grenade fort heureusement n'éclata pas.

Les divisions La Masa et Medici, et les brigades Eber et Spangaro sont revenues à Caserte.

Toutes les troupes piémontaises, arrivées au camp, ont été placées sous les ordres de Garibaldi. Certes, voilà un fait qui honore autant le roi qui en est l'auteur que celui qui en est l'objet. Dieu veuille que cet exemple de cordiale entente soit toujours suivi, et l'Italie ne tardera pas à être libre des Alpes à l'Adriatique.

Naples, le 15 octobre.

Mon pauvre lieutenant hongrois du couvent des Carmes est mort hier soir. Ses funérailles ont lieu aujourd'hui. Je voudrais bien pouvoir y assister et rendre un dernier hommage à ce brave officier ; malheureusement cela m'est impossible.

La police ayant voulu s'opposer à la vente de l'*Indipendente* dans les rues de Naples, sous le prétexte que ce journal est républicain. Dumas s'est adressé directement à Garibaldi, qui lui a écrit ce petit mot :

« Mon cher ami, nous ne sommes pas en Russie ; il est entendu que vous êtes parfaitement libre de vendre votre journal dans les rues.

« J'ai déjà pris les dispositions nécessaires pour mettre un peu d'ordre dans cette police.

Il va sans dire que je donne des ordres positifs à l'endroit de votre journal.

« Tout à vous,

« G. Garibaldi. »

Il y a eu ce matin un combat d'avant-postes entre deux bataillons royaux et un bataillon de la Basilicate, commandé par un major hongrois. L'avantage est resté aux nôtres.

L'ennemi, comme toujours, s'est retiré en pleine déroute.

Naples, le 16 octobre.

Garibaldi a passé tantôt, à Caserte, une revue des troupes cantonnées près de lui. Il les a complimentées sur leur belle conduite et leur brillant courage pendant la campagne. Il a terminé sa harangue en disant qu'il ne formait plus qu'un vœu, celui de les conduire à de nouvelles victoires, et de compléter avec elles l'affranchissement de l'Italie. Mais il paraît que notre général, en prononçant ces paroles, avait dans les yeux des larmes que beaucoup ont prises pour des larmes de chagrin, si bien que la revue, au lieu d'être gaie et animée, a été assez triste.

Avant de remettre momentanément l'épée au fourreau, Garibaldi a voulu parler à l'Europe entière et lui exposer ses rêves et ses espérances.

Il a écrit un *Memorandum*, sous ce titre : *De l'état présent de l'Europe, et de ce qu'elle pourrait être dans l'intérêt des gouvernements et des peuples.*

Les diplomates et les soi-disant hommes d'État traiteront sans doute dédaigneusement d'utopiste et de révolutionnaire celui qui veut si sincèrement le bien de l'humanité ; mais les hommes de cœur de tous les pays, et, Dieu merci ! il n'en manque pas, applaudiront à ses nobles pensées, et si les rois n'en tiennent pas compte, l'histoire du moins les enregistrera dans son livre d'or.

Naples, le 17 octobre.

Au camp, rien encore de décisif. Les escarmouches et les engagements partiels de tous les jours sont les seules distractions des volontaires.

Fidèle à ses promesses, Garibaldi a signé à Sant'Angelo, à la date du 15, le décret suivant, publié seulement aujourd'hui.

DÉCRET D'ANNEXION.

« Pour accomplir un vœu ardemment formé par la nation entière, je décrète que les Deux-Siciles, qui doivent au sang italien leur rédemption, et qui m'ont élu librement dictateur, font partie intégrante de l'Italie une et indivisible, sous son roi constitutionnel Victor-Emmanuel et ses descendants.

« Je déposerai entre les mains du roi, à son arrivée, la dictature que m'a confiée la nation.

« Les prodictateurs sont chargés de l'exécution du présent décret.

« G. Garibaldi. »

Cette adhésion spontanée du dictateur a produit sur les esprits un effet merveilleux ; mais elle ne change rien à la situation actuelle, le plébiscite ne devant avoir son effet que le jour du vote.

Par décret du prodictateur G. Pallavicino, à dater d'hier, toute l'armée sera placée sur le pied de celle du royaume, pour la paye et la discipline, ainsi que pour les actes et règlements militaires.

Un ordre du ministère de la guerre déclare que les soldats de l'artillerie et du train, appartenant à l'ancienne armée napolitaine, qui se présenteront dans trois jours au quartier de la Madeleine à Naples, ou en province au commandant de chaque place, jouiront de la remise de la moitié du temps de service auquel ils sont obligés, comme, au contraire, seront déclarés déserteurs et punis d'après les lois du code militaire, tous ceux qui ne se présenteront pas dans le délai de dix jours.

Naples, le 18 octobre.

Les murs de Naples sont couverts de proclamations relatives au vote de dimanche ; elles émanent des adjoints de chaque quartier (dans le sens unitaire, cela va sans dire), et de simples particuliers réclamant la plus entière liberté dans les élections, mais défendant les abstentions systématiques, et rappelant qu'à Milan, à Florence et à Bologne, les vieillards et les malades se faisaient porter devant l'urne pour déposer leur bulletin.

Tout me dit une fois de plus que le zèle des citoyens ne fera pas défaut dans cette circonstance solennelle, et que le résultat du suffrage universel sera conforme à l'attente générale.

On *manifeste* beaucoup trop à Naples depuis quelque temps. Le premier venu prend un drapeau, les badauds s'amassent autour de lui, puis il s'en va en criant ce qui lui passe par la tête : *A bas Conforti! A bas le fort Saint-Elme!* (Un plaisant criait l'autre jour : *A bas le Vésuve!*) Quels sont donc ces *manifesteurs* qui se montrent partout, excepté au feu, et qui ne cherchent qu'à troubler le *dolce farniente* si cher aux bons Napolitains?

Franchement, je ne saurais à quoi attribuer de pareils et si tristes enfantillages, si je ne voyais trop combien ce malheureux peuple a été vicié et corrompu par ses anciens gouvernements. Par moment on serait tenté de lui en vouloir et de le mépriser profondément; mais, pour être juste, rappelons-nous ce qu'il a souffert, et à quelle horrible école il a été élevé. Plaignons-le sincèrement et espérons que, sous le règne du roi galant-homme, cette population sans courage et sans dignité deviendra un peuple énergique et fort.

Pouzzoles, le 19 octobre.

Je pars ce matin avec deux de mes amis pour aller faire une excursion à Pouzzoles, en longeant la mer sur la route de Pausilippe.

Je m'arrête un instant à la villa Barrière pour voir le colonel Georges Manin, le fils de Daniel Manin, l'ancien président de la république de Venise. Je le trouve encore souffrant des suites de ses blessures, mais plein de confiance en l'avenir, car il prévoit que la parole de son illustre père : « *L'Italie sera libre* » est à la veille de se réaliser, au grand désespoir des partisans du prétendu droit divin.

De Pouzzoles si renommée, il ne reste plus guère que des ruines dispersées dans la campagne, sur le rivage, au fond de la mer. Les mieux conservées sont celles de l'amphithéâtre et de plusieurs temples.

La ville actuelle n'offre plus rien de remarquable, si ce n'est toutefois, sur la place, une statue romaine, érigée à Flavius Marius Ignatius Julianus.

Nous voyons en passant le port et le pont dits de Caligula, à propos desquels un écrivain rapporte ce qui suit :

« Le port de Pozzuoli étant ouvert aux vents d'un côté, fut protégé par une file de larges pilastres sur lesquels on construisit des portiques terminés par un phare; de ces pilastres, anciennement au nombre de vingt-cinq, il n'en reste plus que seize. Le bras de ces pilastres fut prolongé jusqu'à Baïa par un fou caprice de Caligula qui fit former un pont composé d'un double rang de navires liés ensemble et fixés sur leurs ancres. Il parcourut ce pont pendant deux jours de suite. On y établit un terre-plein pour lui donner plus de solidité, et, de distance en distance, des auberges et des fontaines pour la commodité des spectateurs. L'emploi de tant de navires réunis de toutes les parties de l'Italie suspendit le commerce, faute de moyens de transport, et occasionna dans cette contrée et particulièrement à Rome une disette de vivres et une famine. »

L'amphithéâtre, qui occupait le centre de l'ancienne ville, est formé de trois ordres d'arcades. Deux grandes portes aux deux entrées principales de l'édifice conduisaient à l'arène, aux couloirs et aux souterrains.

La tradition rapporte que c'est dans l'arène

de cet amphithéâtre que furent exposés aux bêtes, sous Dioclétien, saint Janvier et d'autres martyrs ; mais, les bêtes ne leur ayant fait aucun mal, ils furent transportés à la Solfatarre.

Non loin de l'amphithéâtre se trouve le théâtre de forme ronde, ainsi que les restes des temples de Diane et de Neptune.

En descendant par la route de Baïa, nous voyons le temple de Sérapis ou des Nymphes, qui passe pour être une des plus belles ruines de l'antiquité. Au milieu s'élevait un petit temple rond avec des colonnes de marbre, des statues autour et un autel au centre.

Des six grandes colonnes de marbre cipolin qui ornaient la cella, il n'en reste plus que trois debout, les trois autres ayant été enlevées par ordre de Charles III pour servir à l'ornementation du palais de Caserte. Au fond de la cella se trouve la niche qui devait contenir la statue du dieu.

Nous revenons par la grotte de Pouzzoles (appelée à tort la grotte de Pausilippe), gigantesque travail entrepris pour abréger la route de Naples à Pozzuoli, et éviter l'ascension de la montagne.

Cette grotte est encombrée de voitures et de piétons, qui, en dépit de la lumière des réverbères, ont toutes les peines du monde à ne pas se heurter les uns contre les autres.

De retour à Naples, nous apprenons que les royaux ont donné dans la journée la bienvenue aux Anglais, une colonne des leurs a attaqué la position, et, comme de juste, a été repoussée avec perte, par les Italiens et nos nouveaux alliés.

Après deux heures de combat, les bourboniens se sont retirés en laissant deux canons et quelques prisonniers.

On vante beaucoup la bravoure et le sang-froid des Anglais à cette affaire. Parmi leurs morts on me cite deux vieux officiers des Indes et de Crimée, les capitaines Walker et Dixon.

Naples, le 20 octobre.

Garibaldi a donné l'ordre de démolir le fort Saint-Elme, et c'était justice.

Le fort Saint-Elme n'est point placé pour défendre le port, mais bien pour bombarder la ville, et, indépendamment de cela, il ne rappelle que de tristes souvenirs, comme prison d'État et prison inquisitoriale.

Le peuple français abattit sa Bastille, le peuple napolitain va abattre la sienne.

L'escadre russe et une partie de l'escadre française sont mouillées devant Gaëte, probablement pour empêcher la flotte italienne d'agir contre cette dernière ville.

Une affaire a eu lieu ce matin entre les Napolitains et les Piémontais, à mi-chemin de Baïano et Pettoranello. Le général bourbonien Scotti se trouvait là avec cinq ou six mille hommes. Il a été fait prisonnier, lui, cinquante officiers et sept à huit cents soldats. Les Piémontais ont en outre pris une section d'artillerie et un drapeau. Le reste de la colonne a été dispersé au pont du Volturne, près Venafro.

Il paraît qu'il y a eu des scènes horribles à Isernia et dans d'autres localités de la province de Molise et de la terre de Labour. Des villages entiers ont été rasés par le feu. Les réactionnaires, en majorité dans le pays, commettent, au nom de la Sainte-Foi, des atrocités qui feraient rougir nos terroristes de 93, s'ils pouvaient y assister.

A la tombée de la nuit nous allons, le colonel Galopain et moi, faire un pèlerinage au tombeau de Virgile qui se trouve à l'entrée de la grotte de Pouzzoles, du côté de Naples.

Nous cherchons en vain le poétique monument dont parle madame de Staël. A la place de ce tombeau situé « dans le plus beau site du « monde » et auquel « le golfe de Naples sert « de perspective, » nous voyons un simple monument en marbre orné d'inscriptions latines. A cet endroit il n'y a réellement pas de site et le golfe de Naples se trouve caché par la montagne.

Qu'importe, après tout, la beauté du lieu ou du tombeau, pourvu que la grandeur du souvenir soit toujours la même?... Mais, hélas! nous ne nous apercevons guère non plus que la mémoire du nom de Virgile attire dans ce lieu les hommages de l'univers ; nous remarquons plutôt l'indifférence des étrangers, qui, presque tous, passent devant ce lieu sans s'y arrêter, et qui sait? peut-être sans penser que sous cette pierre reposent les cendres d'un grand génie. Il n'y a guère que les artistes, les poëtes ou les rêveurs, — et Dieu sait s'ils sont nombreux! — qui viennent ici évoquer le souvenir de ce nom glorieux, et se rappeler ses œuvres immortelles!...

Naples, le 21 octobre.

Dès l'aube du jour, le canon retentit de l'une à l'autre extrémité du golfe, et son grondement sonore appelle tous les habitants à se prononcer sur leurs destinées.

Belle journée dans l'histoire d'un peuple que celle où il peut librement disposer de son sort; que celle où son droit souverain, imprescriptible, est reconnu pour la première fois, après de longs siècles d'attente et de deuil; que celle où la certitude d'un avenir splendide vient effacer les traces d'un pénible passé!

M. Pallavicino, nommé citoyen de Naples, est acclamé par la foule au moment où il sort de chez lui pour aller déposer son vote dans l'urne.

Je quitte Naples un instant pour rendre visite à la petite île de Nisida, à l'extrémité du promontoire de Pausilippe (île qui reçut les adieux de Brutus et de Porcie), où se trouvent un vaste port, un bagne et un lazaret pour la quarantaine des bâtiments et des passagers.

Je rencontre sur ma route un brave monsieur, ancien officier de hussards sous Charles X, actuellement professeur de français et membre de l'université de Naples.

Dans sa voiture arrêtée se trouvent sa femme et fille, et sur le siége deux nègres en livrée, ce qui me fait croire que ce monsieur donne de bien fructueuses leçons.

Il m'adresse la parole, je lui réponds, et la conversation s'engage.

— Monsieur, me dit-il, c'est moi qui ai enseigné notre langue à toute l'aristocratie de Naples; j'ai même été l'un des précepteurs du jeune et infortuné François II.

— Pardon, monsieur, lui dis-je à mon tour; mais, sur ce dernier point, je ne vous fais pas mon compliment.

— Et pourquoi cela? reprend-il.

— Eh! mon Dieu, monsieur, parce que je trouve que votre élève n'a pas été tout à fait élevé dans les idées de la saine morale et de la charité chrétienne.

Mon noble compatriote me quitte indigné.

Je reviens à Naples de bonne heure.

Garibaldi s'est promené toute la journée en voiture découverte, recueillant sur son passage des marques de sympathie et d'admiration.

A cinq heures, je le rencontre se rendant à l'hôtel d'Angleterre. Le peuple le suit et le force à se montrer au balcon, en criant: *Viva Garibaldi!*

Garibaldi prononce quelques mots dont voici à peu près le sens:

« Qu'est-il besoin de paroles quand l'opinion générale veut l'unité de l'Italie et travaille dans ce but? Pour moi, soyez-en sûrs, je resterai constamment fidèle à mes principes: je ne serai vraiment heureux que le jour où je pourrai dire : « L'Italie est une et indivisible : *Viva l'Italia !* »

Tout le monde se met à crier : *Viva l'Italia una !* (en prononçant le mot *una*, chacun lève le doigt, c'est de rigueur, même pour les femmes) *Viva Garibaldi ! Viva Garibaldo !* (synonyme de Garibaldi) *Evviva !*

Cette manifestation est très-sincère. Le peuple, qui, au fond, sait rendre justice à qui de droit, comprend parfaitement que c'est à Garibaldi qu'il doit sa liberté et qu'il devra un jour sa régénération. Aussi, en voyant cet homme si bon, si courageux, si désintéressé, à la veille de retourner dans son île seul et peut-être triste, éprouve-t-il un certain serrement de cœur qui redouble son affection pour celui qu'il va perdre.

Garibaldi a déjà remis ses pouvoirs entre les mains du prodictateur. Il vient d'accepter la présidence de la société Adami et Lemmi, concessionnaire des chemins de fer de l'Italie méridionale ; voulant ainsi démontrer qu'il ne s'agit nullement d'une spéculation financière, mais d'une œuvre éminemment patriotique.

Actuellement il est logé à la villa *Della Foresteria*, et il prend ses repas à l'hôtel d'Angleterre, avec quelques-uns de ses officiers. Les ovations le laissent très-calme et les manifestations fort indifférent. Quand il s'y prête, c'est pour échapper plus vite au bruit. C'est la première fois de ma vie que je vois tant de modestie jointe à tant de grandeur. Aussi mon admiration pour ce noble citoyen, au lieu de décroître comme celle de certaines gens, ne fait-elle qu'augmenter de jour en jour.

Ce soir, à l'occasion des élections, la ville est illuminée. Des groupes parcourent les rues en chantant l'*inno di Garibaldi!*

Rentré dans ma chambre, l'écho m'apporte encore ce refrain bien connu :

<blockquote>
Va fuori d'Italia, va fuori che è l'orà,
Va fuori d'Italia, va fuori, o stranier!
</blockquote>

Caserte, le 22 octobre.

Tout est tranquille ici et aux avant-postes.

Dans la journée, je vais me promener jusqu'à San-Angelo, en compagnie de quelques volontaires italiens.

Le hasard nous fait découvrir, dans un fossé, le corps d'un garibaldien dont la mort paraît remonter à plusieurs jours déjà. Blessé et exténué, peut-être le pauvre diable est-il venu chercher un refuge dans cet endroit, avec l'espoir d'en sortir après le combat, sans qu'il lui ait été possible d'exécuter son projet; toujours est-il que le voici maintenant sans vie et privé de sépulture.

Nous nous découvrons tous instinctivement. Un Vénitien, d'un certain âge, prononce la prière des morts, et un jeune Toscan fait les répons.

Ensuite, du mieux que nous pouvons, nous enterrons ce nouveau martyr de la liberté, en ayant le soin de recouvrir son corps de toutes les feuilles d'arbres que nous trouvons à notre portée; puis, à l'aide de deux branches, le Vénitien fait une croix, qu'il pose sur la modeste tombe de notre cher mort, en disant ces quelques mots : *Addio fratello! Tutto per l'amor del'a patria! Addio!* . . . .

En prenant congé de ce lieu funèbre, le jeune Toscan me dit en français d'une voix émue :

« Voilà pourtant le sort que j'ambitionne!... »

Et presque aussitôt, il se met à chanter :

Mourir pour la patrie, etc.

Camp de Santa-Maria, le 23 octobre.

Je pars de bonne heure pour Santa-Maria, avec deux de mes amis.

Notre première visite est pour la compagnie de Flotte, dans la ferme qu'elle occupe à côté de l'amphithéâtre de Campano[1], et qu'elle a su si bien fortifier dès le début de son installation.

Les officiers nous donnent l'hospitalité la plus franche et la plus cordiale. Je remarque que parmi eux règne la plus grande fraternité; ce qui est d'autant plus remarquable

---

[1] Santa-Maria se trouve sur l'emplacement de l'ancienne Capoue.

qu'ils appartiennent tous à des nations différentes.

Ainsi le commandant et le médecin sont Français, le capitaine est Hongrois, le lieutenant Italien, et le sous-lieutenant porte-drapeau Anglais.

Je trouve dans leur cercle, M. Capocci de Belmonte (de Naples) et un jeune peintre russe de beaucoup de mérite, M. Constantin Philippoff, qui, avec une bonne grâce charmante, fait les portraits de tous ces messieurs ainsi que ceux de plusieurs soldats, sans oublier celui d'un clairon, âgé de onze ans, qui suit l'expédition depuis Palerme. Il a joint à son *album*, des vues de l'amphithéâtre, de la ferme et des environs; ce qui le rend doublement intéressant.

La cantinière qui est Française, s'est fait remarquer le jour de la bataille par son empressement à soigner les blessés; elle a puissamment secondé le docteur Pégand dans sa tâche.

Les survivants de la compagnie de Flotte ont élevé à la mémoire de leurs compagnons tués le 1ᵉʳ octobre, de modestes, mais touchants monuments, dans le jardin de leur ferme. L'endroit qui les contient est entouré d'une petite haie de buis, et sur chacune des croix, se trouve le nom du mort : Celui d'un Français, Alexandre Laroche, me frappe particulièrement. A côté de ces croix se trouve un *tumulus* romain entre deux débris de colonnes.

Le plus profond silence règne aux avant-postes. Pas un seul coup de canon ou de fusil. Je dois noter l'air d'insouciance de tous les garibaldiens malgré la proximité des royaux. C'est à peine s'ils ont l'air de penser au lendemain; et s'ils y pensent, c'est en espérant que ce lendemain leur apportera une bataille et une victoire.

Je vais jusqu'au Volturne au-dessous du mont Tilato, en passant par San-Angelo. Ce fleuve ne me paraît pas aussi méchant qu'on veut bien le faire; son cours est paisible et rien n'indique qu'il songe à s'opposer à notre passage. Il paraît plutôt l'appeler et lui promettre sa protection. Voyons-le venir. Du reste, tout est préparé pour vaincre sa résistance, si son calme apparent était une perfidie.

Les royaux commencent, dit-on, à abandonner leurs positions pour se concentrer sur la ligne du Carigliano. Caïazzo a été occupé sans coup férir par les soldats piémontais.

A huit heures, pendant que nous sommes à table, on nous apporte une dépêche ainsi conçue :

REDDITION DE CAPOUE.

« Vive Victor-Emmanuel, roi des Italiens!

« Vive Joseph Garibaldi, dictateur de l'Italie méridionale.

MINISTÈRE DE LA POLICE.

« Dépêche électrique au comte Cavour, à Turin.

« Nous recevons à l'instant la dépêche officielle du camp, au prodictateur, de l'entrée de Garibaldi à Capoue.

« Naples, 23 octobre 1860, dix heures et demie du matin.

« Contre-signé par l'officier du télégraphe.

G. Dellespina.

Étonnés de cette nouvelle, nous allons aux renseignements, et nous apprenons que cette dépêche n'est qu'une affreuse mystification, émanant de l'autorité elle-même. Naples en sera quitte pour des frais d'illumination.

En tout cas, on peut, sans être prophète, assurer que Capoue ne tardera pas à tomber en notre pouvoir. Sa chute n'est plus qu'une question de quelques jours.

Camp de Santa-Maria, le 24 octobre.

A cinq heures nous sommes réveillés par la musique de la brigade Milbitz, qui ne cesse de jouer jusqu'à sept heures.

C'est surtout au milieu d'un camp que la musique produit ces merveilleux effets dont parle un personnage de Shaskpeare, le Maure de Venise; c'est surtout là, qu'elle agite, qu'elle remue les fibres si impressionnables du soldat, et c'est vraiment plaisir que de voir tous les volontaires se lever précipitamment pour jouir de plus près de cette bonne fortune.

Aux gens qui prétendent que l'on donne de

la poudre et de l'eau-de-vie aux soldats pour les faire marcher au feu, je me réserve de dire un jour :

« Vous vous trompez; pour stimuler le moral ou le courage du soldat (en admettant toutefois qu'il ait besoin d'être stimulé) on se contente de lui donner de la musique. »

Et je suis convaincu que les vieux grognards ne me démentiront pas.

A peine sortis de la ferme, nous apercevons tous les feux du bivac. Rien de curieux comme ce réveil matinal !

L'amphithéâtre paraît illuminé, et les silhouettes de ceux qui se promènent dessus, donnent à la scène un caractère de grandeur on ne peut plus original.

Vers huit heures, toutes les troupes sont réunies sur la place d'Armes et passées en revue par Garibaldi, accompagné de ses généraux et officiers d'état-major. Toute l'artillerie est sur pied.

Par malheur, rien ne vient nous troubler, si ce n'est, toutefois, quelques rares coups de canon partis de la place.

Il paraît, néanmoins, que Capoue est en partie évacuée, mais on soupçonne les glacis d'être minés. En réalité, tout semble indiquer une évacuation partielle.

Dans la journée, un jeune Grec albanais, débarqué d'hier à Naples, se présente, avec son costume national, à la compagnie, en demandant la légion de son pays.

On lui répond qu'il n'y a pas de légion grecque.

Tout étonné de cette réponse, il nous quitte, en maugréant contre son pays, mais bien décidé à servir l'Italie quand même.

Peut-être se serait-il engagé dans la compagnie de de Flotte, sans la présence d'un ami du commandant, le capitaine Lefèvre, qui a longtemps servi dans les Cosaques ottomans, et qui, sans penser à mal, a réveillé dans le cœur de ce jeune étranger des sentiments de haine à peine comprimés.

Nous nous entretenons continuellement ici des atrocités commises par les royaux sur nos blessés. Le chapitre est intarissable.

On raconte même qu'à l'affaire du Vulturne,

attaqués par les nôtres dans une maison de San-Angelo, ils ne s'en seraient retirés qu'après y avoir mis le feu, quoiqu'il s'y trouvât justement quarante-cinq de leurs propres blessés.

L'affiche annonçant la reddition de Capoue a été remplacée par celle-ci, écrite par l'aumônier du dictateur :

« L'entrée de Garibaldi dans Capoue est un mensonge pour le moment ; mais Garibaldi entrera réellement dans Capoue, et nous y entrerons avec lui.

« En attendant, voyez le télégraphe annonçant à M. de Cavour l'entrée de Garibaldi dans Capoue, alors que Garibaldi entrait dans Naples ; et, au moment où nos Turinois, transportés par la pensée dans Capoue, y voient Garibaldi et les enfants de l'Italie au milieu des vivats enthousiastes des pauvres Capouans, nous voyons notre très-affectueux Garibaldi dans Naples, visitant et consolant nos très-chers blessés.

« Le frère Giovanni Pantaleo. »

Naples, le 25 octobre.

La légion française, commandée par le colonel Cluseret, chargée de la garde des avant-postes à San-Tammaro, s'est emparée ce soir d'un convoi de vivres et d'approvisionnements de toutes sortes (y compris quantité de piastres et de cigares), destiné à ravitailler la garnison assiégée. Chose inouïe! ce convoi venait directement de Naples par la route de Capoue.

Dans cette capture se trouvent quatre-vingt-quinze bœufs, deux cents buffles, plus quelques chevaux et mulets.

Le bruit court que tous les directeurs, rédacteurs et collaborateurs des journaux cléricaux et légitimistes, ayant M. Louis Veuillot à leur tête en qualité de généralissime, sont en ce moment dans le camp des royaux pour soutenir jusqu'au bout la cause aux trois quarts et demi perdue de Sa Majesté très-chrétienne le roi de Gaëte.

J'engage ces messieurs à prier Dieu à l'avance pour le repos de leurs âmes, car leur précieuse existence me semble fort aventurée, par les boulets qui pleuvent.

Garibaldi a passé ce matin le Vulturne avec un corps d'armée de dix à douze mille hommes, et s'est porté en avant à la rencontre des troupes de Cialdini.

Le passage s'est opéré sur un pont de bateaux établi sur la rive droite du fleuve, non loin de San-Angelo.

Les bourboniens n'ont pas montré leurs visages. Les hussards hongrois ont seulement surpris quelques patrouilles qu'ils ont emmenées presque sans résistance.

Ce mouvement de troupes a été marqué dès le principe par un déplorable accident ; au détour d'une route, le cheval de Bixio s'est jeté à terre, et le général a été grièvement blessé à la tête et à la jambe gauche. Garibaldi est accouru aussitôt et lui a donné les premiers soins.

Tout espoir de continuer la campagne est perdu pour le général Bixio. On a dû le porter à San-Angelo, puis à Santa-Maria, et de là à Naples, au palais d'Angri.

Les divisions Cosenz et La Masa (ressuscité) sont restées à Santa Maria et à San Angelo.

Naples, le 26 octobre.

Une première entrevue a déjà eu lieu aujourd'hui entre Victor-Emmanuel et Garibaldi.

Le *Pungolo* dit à ce sujet :

« On n'a encore que peu de détails sur l'entrevue du dictateur avec le roi. On donne cependant pour certain que le général Cialdini alla chercher lui-même le dictateur à Caserte et lui remit une lettre extrêmement cordiale du roi.

« L'amitié personnelle qui lie Victor-Emmanuel et Garibaldi est remarquable ; l'un ne parle jamais de l'autre qu'avec affection et émotion ; ce sont deux âmes dignes de se comprendre et de s'aimer.

« Quand le dictateur fut en présence du roi, il se découvrit et lui dit : « Salut au roi « d'Italie ! » A Garibaldi appartenait en effet le droit de le saluer le premier avec ce titre, que la nation lui a désormais conféré. Victor-

Emmanuel, ému, lui tendit la main en lui disant : « Salut au meilleur de mes amis ! » Certes, ce salut était le plus précieux que pût recevoir le dictateur. On assure que sous peu le roi saluera avec un autre titre le *meilleur de ses amis.* »

Camp de Santa-Maria, le 27 octobre.

Le général Turr, que je vois dans la matinée, m'annonce que le roi Victor-Emmanuel fera sa première entrée triomphale dans sa bonne ville de Naples, le 6 ou le 7 du mois prochain.

Les Napolitains, principalement les jeunes dandys du café de l'Europe, qui font toujours beaucoup plus de bruit que de besogne, ne cessent de s'écrier sur un ton larmoyant : « Capoue tient encore ! C'est vraiment désespérant ! »

En vérité, je voudrais bien les voir à la place des volontaires, pour savoir de quoi ils sont capables...

Naples n'a fourni qu'une poignée de combattants à notre armée, tous mendiants ou lazzaroni.

On commencera à bombarder la ville le jour de la Toussaint. En attendant, nous nous endormons dans les *délices de Capoue.*

Camp de Santa-Maria, le 28 octobre.

Les troupes piémontaises commencent à arriver ici.

Santa-Maria présente un coup d'œil des plus animés : officiers et soldats des deux armées, dans des costumes de toutes formes et de toutes couleurs, se croisent et se confondent en formant un tourbillon extrêmement pittoresque.

Victor-Emmanuel est, m'assure-t-on, à San-Angelo.

A quatre heures, les cris de : « Alerte ! aux armes! » viennent interrompre notre méridienne. Nous nous portons aussitôt sur le devant de la ferme, et, au bout de cinq minutes, nous reconnaissons que cette alerte est fausse et que l'ennemi ne songe nullement à nous inquiéter.

Des parlementaires bourboniens, les yeux bandés, viennent à notre camp et offrent de se rendre en conservant armes et bagages.

Leurs propositions sont naturellement refusées; ce qui n'empêche pas de croire à une prochaine reddition de la place, à des conditions plus avantageuses pour nous.

Il arrive à chaque instant des méprises très-regrettables, dues à l'insouciance des Calabrais et des Siciliens. De plus, ces montagnards croyant toujours avoir affaire aux royaux, ne se gênent pas pour tirer sur nous, sans la moindre réflexion.

Quant à la consigne, ils l'exécutent d'une façon déplorable. Ce soir, un individu passe devant une sentinelle calabraise.

« Qui va là? » crie-t-elle.

Notre homme répond :

« *Andate al diavolo!* » (allez au diable!)

Et la sentinelle de dire aussitôt :

« C'est bien; passez. »

Cette anecdote m'en rappelle une autre non

moins vraie ni moins curieuse, qui date de la campagne d'Italie de 1859.

Paul d'Ivoi et M. Petrucelli allaient monter dans un wagon de chemin de fer, à Novare ou à Magenta, sans même penser à exhiber leurs permis de circulation. Un employé les arrête et leur demande à quel corps ils appartiennent.

« *Corpo di Bacco!* » répond notre spirituel chroniqueur.

Et le naïf employé de leur dire : « Allez ! »

Sous les murs de Capone le 29 octobre.

A cinq heures, la compagnie de Flotte reçoit l'ordre de se porter en avant jusqu'à la *maison blanche*, c'est-à-dire, jusqu'aux extrêmes avant-postes, à deux cents pas des glacis de la place. A six heures, nous arrivons à l'endroit désigné.

Nous avons pour mission de protéger les travaux du génie piémontais, qui établit une batterie masquée dans le jardin de cette maison.

Vers sept heures, l'artillerie commence à nous bombarder, et une partie de la garnison tente une sortie de notre côté. On nous signale la cavalerie, nous nous formons en bataillon carré. Malheureusement, l'ennemi ne vient pas jusqu'à nous, et nous restons dans l'expectative, pendant que, sur notre droite, des bataillons italiens sont sérieusement engagés.

Quelques instants après, le lieutenant Martini et une quarantaine des nôtres, emportés par leur ardeur belliqueuse, se jettent résolûment sur le glacis en faisant sonner la charge à la baïonnette par le jeune clairon sicilien. Ils sont aussitôt rejoints par une centaine de volontaires italiens qui, en reconnaissant des Français, les saluent du cri de : « Vive la France! » auquel nos hardis compagnons répondent par celui de : « Vive l'Italie! Vive Garibaldi! »

Au lieu de se montrer, les royaux se retirent dans la ville, et, de là, nous accablent d'une grêle de projectiles, devant laquelle nous devons battre en retraite.

Pour éviter toute surprise, le commandant établit deux lignes de tirailleurs : chaque homme, tant bien que mal, est protégé par un arbre, à défaut de tranchées.

A onze heures, nous nous mettons à déjeuner, le docteur Pégand, M. Kergomard et moi. Pendant ce temps, les boulets, les bombes, les obus et les grenades nous donnent un concert diabolique.

A côté de nous, une bombe éclate au milieu d'un groupe de dormeurs, sans blesser personne.

Dérangés dans leur installation, nos gaillards s'en vont tirer quelques coups de fusils; mais, à peine une demi-heure s'est-elle écoulée, qu'ils reviennent vers nous en courant et pour nous annoncer une nouvelle sortie de l'ennemi.

Cette fois, nous allons une soixantaine en avant, ayant à notre tête le capitaine Lefèvre et le docteur Pégand, et nous rejetons encore les royaux dans Capoue.

Le docteur veut absolument conserver la bergerie qui se trouve sur le glacis, et derrière laquelle nous restons un instant, malgré les décharges répétées de l'artillerie. Il faut toute l'énergie du capitaine Lefèvre pour le détourner de ce projet téméraire.

Forcés, à notre tour, par la mitraille, de nous replier vers la *maison blanche*, le capitaine ordonne la retraite au pas ordinaire.

De retour auprès de nos camarades, on amène au docteur plusieurs blessés; dont un, jeune sergent italien, a la jambe fracassée par un éclat d'obus. Il endure patiemment de douloureuses opérations chirurgicales ; puis, quand le pansement est fait, il nous dit : « Que ma mère me pardonne et que l'Italie soit heureuse, je mourrai content ! »

. . . .

Un Anglais, qui dormait à l'ombre d'un grand chêne, est brusquement réveillé par l'explosion d'une bombe. Se croyant atteint, l'insulaire se met à promener des yeux hagards autour de lui, puis à se tâter de droite et de gauche, pour s'assurer de son existence. Enfin, convaincu de *son intégrité*, il achève sa pantomime par un éclat de rire formidable, auquel nous prenons part dans la mesure de nos poumons.

Vers cinq heures, nous sommes relevés par un bataillon de la brigade Fardella, et nous nous mettons en marche pour revenir à la ferme. Les clairons jouent cet air si populaire en France :

As-tu vu la casquette au père Bugeaud?

Camp de Santa-Maria, le 30 octobre.

Grand silence de part et d'autre : on dit seulement que deux bataillons de *regi* sont venus clandestinement de très-bonne heure, au couvent des Capucins, qu'ils ont dévalisé entièrement.

Dans la journée, je m'en vais, avec le docteur Pégand, visiter les blessés à l'hôpital. Nous y trouvons miss Wite, au chevet de notre pauvre sergent, auquel on coupe la jambe. Ce courageux jeune homme ne pousse pas le moindre cri, la moindre plainte. Il a conservé tout son stoïcisme d'hier. — Je me retire plus ému que lui.

Ce soir, un Anglais amène dans la cour de la ferme un joueur de harpe ambulant, pour charmer les loisirs bucoliques des volontaires de la compagnie de Flotte.

Plusieurs loustics chantant des couplets de circonstance,

> N'ayez pas peur du canon,
> Ce n'est pas la mer à boire, etc., etc.

font surtout les honneurs de la soirée.

La séance est terminée par des tours de force acrobatiques.

L'*Opinion nationale de Naples* rapporte le fait suivant, dont l'authenticité m'est garantie :

Un détachement de dix hussards hongrois, faisant une patrouille à Calvi, se reposait en prenant quelques rafraîchissements dans une auberge, quand, tout à coup, la maison fut entourée par dix-huit chasseurs à cheval de François II. Le maréchal des logis qui commandait ces derniers, entre dans l'auberge et signifie aux Hongrois de se rendre. Ceux-ci sautèrent sur leurs armes, sortirent et commencèrent la lutte avec les royaux, lutte qui se termina par la capture de tout le détachement de chasseurs, non sans quelques blessures de part et d'autre.

Camp de Santa-Maria, le 31 octobre.

Garibaldi a remis son commandement à Sirtori, son chef d'état-major.

La place échange quelques coups de canon avec nos batteries de San-Angelo.

Le capitaine Reny, qui est allé à Naples, me rend compte d'une cérémonie importante qui a eu lieu ce matin sur la place Saint-François-de-Paule, en présence de la garde nationale, des fantassins et des cavaliers hongrois, et de divers détachements de la milice garibaldienne.

La musique, l'état major de l'armée méridionale, étaient au milieu de la place.

Les drapeaux offerts par la baronne Spodolieri de Palerme à la légion hongroise, ont été solennellement bénis par le père Pantaleo, sur un autel improvisé.

L'un a été nommé Etienne, en l'honneur du patron de la Hongrie, et l'autre, Joseph, en l'honneur de Joseph Garibaldi. Les deux marraines étaient : la marquise Pallavicino[1], et Teresa Garibaldi (absente) fille du dictateur.

Garibaldi, prenant ensuite les drapeaux dans ses mains, les a remis aux deux corps hongrois, et au milieu d'un profond silence, leur a dit ces belles paroles :

« Au nom de l'Italie reconnaissante, je vous remets ces drapeaux, qui sont la récompense du sang versé par vous, ô hommes généreux ! pour la rédemption de l'Italie. Ils suivront votre fortune et vous conduiront toujours à la victoire. L'indépendance et la liberté de l'Italie sont étroitement liés à l'indépendance et à la liberté de la Hongrie. Vive la Hongrie ! »

---

[1] Madame Pallavicino, petite Allemande de quarante-cinq ans, ne sachant pas qu'on prête serment et qu'on attache la cravate d'un drapeau avec les mains nues, a gardé ses gants avec une persistance toute germanique.

(Lettre de M. Lagarde.)

De vifs applaudissements ont accueilli ces paroles.

Après le serment de fidélité au roi Victor-Emmanuel, prêté par la légion hongroise tout entière, le général Turr a prononcé un discours en langue madgyare, dont voici la traduction textuelle :

« Braves, a-t-il dit (en s'adressant d'abord à l'infanterie), je suis fier de vous. Toujours en petit nombre, contre des ennemis plus nombreux, vous avez maintenu la réputation guerrière de la nation hongroise. Le passé m'est garant de l'avenir. Je suis certain que votre valeureux commandant (le colonel Magiorody) vous conduira sans cesse à de nouveaux triomphes.

« A vous, hussards, (se retournant vers le corps de cavalerie commandé par le colonel Figyelmassi), à vous hussards, que puis-je dire? Depuis peu réunis, vous n'avez pas tardé à montrer votre courage. Je suis convaincu que, lorsque l'indépendance et la liberté de l'Italie étant réalisées, nous rentrerons en Hongrie, accoutumés que vous serez aux victoires, vous disperserez l'ennemi avec l'impétuosité de l'ouragan. Vive Garibaldi ! Vive Victor-Emmanuel ! »

Aux *elyen* en hongrois, se sont, bien entendu, mêlés les *evviva* italiens, et la musique a recommencé à jouer ses morceaux guerriers.

Garibaldi, traversant alors la place, est soudainement apparu au balcon de la Foresteria, et, de là, il a prononcé le discours suivant :

« Napolitains! Aujourd'hui est un beau jour, un grand jour. Il est beau et grand, parce qu'il noue d'un lien nouveau la fraternité qui attache l'Italie à la Hongrie. Les peuples libres sont solidaires entre eux. Les Italiens libres ne peuvent, ne doivent, ne veulent pas l'oublier; ils ne l'oublieront point. » (Applaudissements frénétiques).

« Les Italiens libres! oui; nous le serons tous et bientôt.

« D'une vie consacrée tout entière à la cause de la liberté, à la pensée de notre nationalité, je ne veux recueillir rien autre chose que le droit de dire la vérité toujours, de la dire également aux puissants et aux peuples.

« Ecoute-moi donc, peuple généreux de cette grande et belle métropole, et, si je mérite quelque chose de toi, crois à mes paroles.

« Le cancer, la ruine de notre Italie furent toujours les ambitions personnelles, et elles le sont encore.

« C'est l'ambition personnelle qui aveugle le pape-roi et le pousse à combattre ce mouvement national, si grand, si noble, si pur; oui, si pur, qu'il est unique dans l'histoire du monde!

« C'est le pape-roi qui retarde le moment de la complète libération de l'Italie; le seul obstacle, le véritable obstacle, c'est lui.

« Je suis chrétien, bon chrétien et je parle à de bons chrétiens.

« J'aime et vénère la religion chrétienne, parce que le Christ est venu au monde pour soustraire l'humanité à la servitude, pour laquelle Dieu ne l'a pas créée. Mais le pape, qui veut que les hommes soient esclaves, qui demande aux puissants de la terre des fers et des chaînes pour les Italiens, le pape-roi méconnaît le Christ, il méconnaît sa religion.

« Que personne, ne se méprenant à mes paroles, ne confonde le papisme avec le christianisme, la religion de la liberté avec la politique avare et sanglante de l'esclavage.

« Répétez ceci, répétez-le, c'est votre devoir.

« Et vous, qui êtes là, vous, partie instruite et cultivée de la société, vous avez le devoir d'instruire le peuple. Apprenez-lui à être chrétien, apprenez-lui à être Italien. L'éducation donne la liberté; l'éducation donne au peuple les moyens, le pouvoir d'assurer et de défendre son indépendance [1].

« D'une forte et saine éducation du peuple dépendent la liberté et la grandeur de l'Italie.

« *Vive Victor-Emmanuel! Vive l'Italie! Vive le christianisme!* »

A midi, un déjeuner intime a réuni le général Garibaldi, le prodictateur, madame Pal-

---

[1] L'évêque de Sorrente, arrêté par ordre de Garibaldi, disait un jour à la table du roi : « L'instruction est l'œuvre même de Satan. » Avec des maximes semblables, professées de la sorte, l'abrutissement du peuple s'explique parfaitement.

lavicino, le marquis Villamarina avec sa famille, le général Turr, M. Maxime Ducamp et les autres officiers d'état-major, l'état major de la garde nationale, plusieurs officiers piémontais et quelques citoyens de la ville.

Le général Turr a porté en ces termes un toast à l'Italie et à la Hongrie :

« A la Hongrie !... qui n'acceptera jamais les impudents mensonges de l'Autriche constitutionnelle, artifice perfide avec lequel elle tente en vain, comme en 1848, de pousser les Hongrois contre leurs frères italiens. »

Garibaldi, répondant par un toast à la Hongrie, a finement ajouté :

« J'ai pleine foi que la Hongrie fera de la Constitution l'usage que le peuple de Naples a fait de la sienne ! »

Le déjeuner achevé, Garibaldi est allé visiter le brave colonel hongrois Dunyov, cruellement blessé à la journée du 1er octobre, et qui, ce matin même, a subi l'amputation de la jambe droite. Tout fait espérer, néanmoins, qu'il survivra à ses blessures[1].

[1] Le colonel Dunyov a vaillamment combattu pour son pays

Camp de Santa-Maria, le 1ᵉʳ novembre.

L'artillerie commence à bombarder Capoue, à cinq heures du soir ; son tir est parfaitement juste.

Les mortiers vomissent des bombes sur la forteresse de Vauban, et les royaux ripostent par une pluie de projectiles inoffensifs.

Si cela continue, la ville ne tardera pas à être entamée. Nous espérons, cependant, que les Napolitains seront assez raisonnables pour l'abandonner avant sa ruine entière, et surtout avant une prise d'assaut, car les habitants de cette malheureuse ville ne doivent pas être responsables des erreurs d'un mauvais parti.

Ce soir, le cimetière de la ferme est illuminé, et plusieurs volontaires de la compagnie de Flotte veillent alternativement auprès de cette dernière demeure de leurs camarades.

en 1848 et 1849. Fait prisonnier, il est resté pendant huit ans au Spielberg. Une fois libre, il est venu offrir son épée à l'Italie, et, depuis son arrivée en Sicile, il a toujours été au premier rang.

Camp de Santa-Maria, le 2 novembre.

Le bombardement continue.

Pendant que nous assistons, à Santa-Maria, à une messe dite en l'honneur des morts de la compagnie, les parties belligérantes parviennent à signer la capitulation de la place.

Cette nouvelle est accueillie avec joie dans notre camp.

Vers cinq heures, nous nous mettons en route pour Capoue, mais un contre-ordre inattendu suspend notre marche en avant. La garnison, nous dit-on, ne doit sortir que demain ; on s'assurera, auparavant, de l'état de la ville.

Capoue, le 3 novembre.

A cinq heures, nous sommes sur pied, et la compagnie de Flotte part au grand complet pour prendre son rang aux abords de la ville.

La matinée est splendide, et Capoue, sous les premiers rayons du soleil, se détache vigoureusement sur un fond de montagnes obscures; mais ses alentours sont affreusement ravagés. Tous les arbres sont coupés, et leurs troncs mutilés semblent nous reprocher amèrement les fureurs de la guerre; puis, çà et là, dans la plaine, de petits tertres de terre, fraîchement remués, indiquent la place où reposent ceux que la mort a moissonnés.

Le maréchal de Cerni vient remettre les clefs de la ville à notre général, et aussitôt les troupes commencent à défiler par la porte de Naples.

Conformément à l'acte de capitulation, les troupes qui composent la garnison[1] sortent par deux mille hommes à la fois, avec drapeaux, armes et bagages, successivement, et d'heure en heure.

Ces troupes, après avoir rendu les honneurs militaires, déposent leurs armes et leurs drapeaux au bas des remparts, à l'exception des officiers de tous grades, qui gardent le sabre ou l'épée, et prennent à pied le chemin de

---

[1] 11,428 (chiffre exact).

Naples, d'où elles seront dirigées sur un des ports des États de S. M. Victor-Emmanuel.

Les officiers, excepté les généraux, qui iront à Naples en chemin de fer, marchent à la tête de leurs troupes. Des détachements piémontais sont chargés de les accompagner jusqu'à destination. Les officiers emmènent avec eux leurs bagages. Les généraux de Liguori et de Fornari se trouvent parmi les prisonniers.

Nous remarquons avec peine que les deux tiers des soldats ont l'air malade : beaucoup d'entre eux sont atteints d'ophthalmie. Les artilleurs seuls se font remarquer par leur bonne tenue.

Presque tous, officiers et soldats, paraissent entièrement indifférents au triste rôle qu'ils jouent; bien peu semblent touchés de leur humiliation, et j'en compte à peine six ou sept qui soient réellement tristes et prêts à verser des larmes.

Le défilé s'accomplit dans le plus grand ordre.

Il est une heure. Nous revenons à la ferme

pour déjeuner. C'est la journée aux bonnes nouvelles. -

La cour suprême de justice a proclamé le résultat du plébiscite.

Il y a 1,310,226 *oui* et 10,012 *non*. Le royaume des Deux-Siciles a cessé d'être ; le royaume d'Italie va commencer.

L'armée piémontaise, commandée par le roi, a remporté, au delà du Carigliano, une victoire éclatante. Les Napolitains, attaqués avec un grand élan, de front, par les soldats, de flanc par la flotte, ont été dispersés, laissant au pouvoir des vainqueurs des tentes, des charriots, du matériel et un grand nombre de prisonniers.

Le général de Sonnaz poursuit l'ennemi. Il a déjà occupé le môle de Gaëte et les positions au-dessus de cette ville.

L'enthousiasme est général.

Vers quatre heures, nous allons, le docteur et moi, visiter Capoue la *Désirée*, dont les portes sont maintenant gardées par des soldats piémontais.

La ville nous offre un spectacle désolant.

Les quelques rares habitants que nous rencontrons sont dans un état de délabrement et de maladie qui fait mal à voir, et démontre éloquemment tout ce qu'ils ont souffert des rigueurs du siége et des exigences de la garnison bourbonnienne.

Ce sont les habitants effrayés qui ont forcé la garnison à capituler aussi promptement. La plupart des maisons sont gravement endommagées. Une bombe est même tombée sur le dôme de la cathédrale, qu'elle a effondré.

On a trouvé dans la place 290 canons en bronze, 160 affûts, 20,000 fusils, 10,000 sabres, 80 chars et 240 mètres de pont, sans compter une immense quantité de vivres, d'approvisionnements et de munitions de toutes sortes.

Un Français qui habite Capoue, me raconte qu'une colonne de royaux, forte de cinq mille hommes, inquiétée dans sa marche sur Gaëte, par les troupes de Cialdini, a été forcée de rentrer dans la place, il y a une huitaine de jours, ce qui explique pourquoi nous avons capturé un si grand nombre de prisonniers, alors que nous pensions en recevoir six mille au plus.

Les malades et les blessés, ainsi que les familles des officiers napolitains, ont été laissés à Capoue, sous la protection de l'armée piémontaise.

Notre rôle, à nous autres garibaldiens, se trouve donc terminé, du moins dans ces contrées.

Il est tard. Avant de nous retirer, nous assistons au défilé de toutes les troupes garibaldiennes qui passent sur le pont du Vulturne, saluées par les acclamations des habitants, qui, à leur approche, se sont réveillés de leur torpeur.

Naples, le 4 novembre.

Le vieux Gambardella, le prévôt des marchands de poisson, a été lâchement poignardé le jour de la Toussaint par un de ces assassins dont Naples pullule depuis quelque temps.

Garibaldi et le général Turr ont assisté à ses funérailles, et une foule immense s'est pressée autour de la tombe de cet homme de bien.

J'assiste, sur la place Saint-François de Paule, à la distribution des médailles commémoratives offertes par la municipalité de Palerme aux *flibustiers* de Marsala.

Garibaldi est là, en blouse rouge, entouré des généraux Turr et Eber, de son état-major et de la députation de Palerme, présidée par le duc Della Verdura.

On me rapporte que, tout à l'heure, pendant qu'il signait les brevets de ces médailles au palais de la Forestaria, madame Crispi étant entrée dans la salle, il lui a pris la main en disant aux personnes présentes :

« Je vous présente madame Crispi, qui, aux yeux de chacun de nous, a mérité la médaille de Marsala ; elle était alors la seule femme qui fût avec l'armée au milieu du feu du champ de bataille. Elle a consolé et soigné les blessés. »

Les quatre cent vingt-six survivants de l'expédition des mille quatre-vingts, sont appelés par ordre alphabétique. Les deux jeunes filles du duc de la Verdura préparent les médailles, et leur mère les attache sur la poitrine de ces vaillants soldats. Madame Crispi n'est pas oubliée, elle reçoit la sienne comme ses compagnons d'armes.

La distribution, une fois terminée, Garibaldi adresse les paroles suivantes aux premiers volontaires qui ont suivi sa fortune en Sicile.

« Jeunes vétérans,

« C'est parce que je vous connaissais que j'ai entrepris une campagne regardée par tous comme impossible. Je savais qu'avec des hommes comme vous, toujours prêts à mourir pour l'Italie, on pouvait tout tenter, et l'œuvre impossible, nous l'avons en effet accomplie. »

De vives acclamations de la foule accueillent ces paroles du général. Garibaldi est même obligé de se montrer plusieurs fois au balcon du palais, pour calmer cette multitude ivre de joie et d'espérance. Au reste, je constate avec plaisir que la reconnaissance des Napolitains pour leur libérateur est aussi vive que le premier jour, et que l'ingratitude n'est point le défaut de ce peuple, si mobile et si oublieux en tant d'autres occasions.

Rentré chez moi pour réparer le désordre de ma toilette, je trouve ma chambre envahie par une compagnie de Calabrais aux chapeaux pointus. Je m'emporte contre le père *Puma*, mon logeur, qui est bien un peu l'auteur de cette prise de possession anticipée. Le brave homme, me croyant mort, avait disposé de mon logement sans le moindre scrupule.

Un de mes amis vient me prendre pour aller à la *Chiaia*, dans ce jardin où « Naples vient respirer la brise du golfe, toute chargée des parfums des orangers de Sorrente et des jasmins du Pausilippe. » Il y a là des fontaines et des statues ravissantes ; « et puis, au delà de ces fontaines et de ces statues, il y a une mer comme on n'en voit nulle part. »

Confiant dans la protection des dieux Lares et désireux de me reposer un peu des fatigues de la semaine passée, je reviens de bonne heure dans ma chambre; mais, hélas! bon gré, mal gré, je suis obligé de la partager avec un gros major calabrais, escorté de deux ordonnances, faisant fonction de valets de chambre et sans lesquels il ne peut se mouvoir.

Pour comble de malheur, mon dit major ronfle comme une toupie d'Allemagne, si bien qu'il me devient impossible de clore l'œil de la nuit.

Naples, le 5 novembre.

Les San-Fédistes ne cessent de commettre des atrocités inouïes dans les Abruzzes. Les villages réputés favorables à la cause nationale, sont mis à feu et à sang.

Du jour de l'installation du gouvernement bourbonnien à Gaëte date le commencement des massacres, des dévastations et des incendies. Si on ne le savait déjà, on devinerait aux actes commis par ces troupes de brigands, que François II a fait ouvrir les portes des prisons et des bagnes.

Naples, le 7 novembre.

Ce matin, à dix heures, par une pluie battante, Victor-Emmanuel a ~~fait~~ son entrée à Naples, aux acclamations ~~en~~thousiastes des habitants de la ville et des populations voisines accourues pour le saluer. Plusieurs députatations étaient allées à sa rencontre, drapeaux en tête.

Cependant, je dois le noter, la pluie semble avoir un peu refroidi l'enthousiasme des braves Napolitains, pourtant si prodigues de cris et de vivats.

Le roi était en voiture découverte, ayant à sa droite Garibaldi et devant lui les prodictateurs de Naples et de Palerme, son état-major était entièrement composé d'officiers piémontais. Tout le monde a donc pu remarquer l'absence des généraux et des états-majors de Garibaldi. Peut-être même leur absence a-t-elle nui à la réception du roi galant-homme; car, après tout, je le répète, les Napolitains ne sont point encore des ingrats, et ils savent que c'est à l'armée de Garibaldi qu'ils doivent leur liberté.

Le cortége est arrivé par la rue de Tolède, en traversant une double haie de soldats piémontais et de gardes nationaux. Le roi est descendu au Palais-Royal, mais il n'a pas tardé à se montrer au peuple, qui l'a de nouveau acclamé.

Ce soir, de brillantes illuminations couvrent toutes les maisons de la ville, et des drapeaux sont suspendus à toutes les fenêtres. Plusieurs habitations particulières sont magnifiquement décorées; l'une d'elles, surtout, au milieu de la rue de Tolède, est l'objet d'une admiration générale; au centre d'une foule d'ornements se lisent les inscriptions suivantes :

Viva Vittorio-Emmanuele!
Eletto de l'Italia una et indipendente!
Viva il prode Garibaldi!

D'autres portent des transparents représentant la figure emblématique de l'Italie et les portraits de Victor-Emmanuel, de Garibaldi, de Cavour, de Fanti, de Cialdini, de la Marmora, de Della Rocca et *tutti quanti*. Quoi qu'il en soit, les préparatifs sont loin d'être terminés et je crois même que le roi s'en ira avant leur achèvement : si les arcs de triomphe restent à l'état de carcasses de bois, les entrepreneurs, du moins, n'y auront rien perdu, puisqu'ils gagnent, me dit-on, 180,000 ducats à cette fête.

Il y a, ce soir, représentation extraordinaire à San-Carlo, en l'honneur de Victor-Emmanuel; mais je ne puis me résoudre à y assister. J'ai la tête brisée du bruit des vivats, des coups de fusil et des pétards que l'on fait partir dans toutes les rues, sur toutes les places.

On deviendrait fou, si cela durait deux jours.

Je ne puis m'empêcher d'éprouver un regret au milieu de cette joie tapageuse. Puisque les Napolitains avaient tant de poudre à leur disposition, pourquoi ne l'ont-ils pas brûlée devant l'ennemi? L'Italie peut, à la rigueur, se passer de feux d'artifices, mais elle a grand besoin de soldats.

Demain, à l'église cathédrale, on chantera un *Te Deum* d'actions de grâces en l'honneur de Victor-Emmanuel.

Quant à moi, je retournerai après demain à Santa-Maria, car je préfère décidément la vie du soldat en guerre à la vie monotone que je mène ici depuis quelques jours, les grandes voix de la solitude et du canon des batailles, aux clameurs glapissantes et enrouées des lazzaroni.

Je tiens de source certaine que les officiers de Garibaldi auront leurs brevets ratifiés et des postes assurés dans l'armée régulière. Ceux qui voudront se retirer, recevront une indemnité convenable; quant aux blessés, ils seront retraités comme les soldats du Piémont.

Naples, le 8 novembre.

Avant de retourner au camp, je recueille les dernières nouvelles.

Victor-Emmanuel, entouré des officiers de sa maison, a reçu hier, dans la salle du trône, le général Garibaldi, le prodictateur et les ministres.

Le ministre de l'intérieur Conforti, en lui présentant le plébiscite napolitain, a prononcé les paroles suivantes :

« Sire,

« Le peuple napolitain réuni dans ses comices vous a choisi pour roi, à une immense majorité : neuf millions d'Italiens s'unissent aux autres provinces gouvernées avec tant de sagesse par Votre Majesté. Ils voient s'accomplir votre solennelle promesse : « L'Italie ap-
« partiendra aux Italiens. »

Après la réponse du roi, l'acte d'annexion a été immédiatement dressé et tout le ministère a donné sa démission.

M. Farini, ministre de l'intérieur à Turin, est nommé lieutenant-général des provinces napolitaines, et investi de pouvoirs extraordinaires.

Garibaldi vient d'adresser cette proclamation à ses soldats :

« A mes compagnons d'armes,

« A l'avant-dernière étape de notre résurrection, notre devoir est de considérer la période qui vient de finir, et de nous préparer à terminer splendidement l'admirable œuvre des élus de vingt générations, dont l'entier accomplissement a été assigné par la Providence à notre génération fortunée.

« Oui, jeunes gens, l'Italie vous doit une entreprise qui mérite les applaudissements du monde.

« Vous avez vaincu et vous vaincrez, parce que vous êtes désormais faits à la tactique qui décide du sort des batailles.

« Vous n'avez pas dégénéré de ceux qui pénétrèrent au plus profond des phalanges macédoniennes et qui humilièrent le superbe vainqueur de l'Asie.

« A cette page surprenante de l'histoire de notre pays, en succédera une plus merveilleuse encore, et l'esclave montrera finalement à son frère libre un fer aiguisé tiré des anneaux de sa propre chaîne.

« Aux armes, tous! tous! et les oppresseurs, les tyrans s'évanouiront comme la poussière des chemins.

« Femmes, repoussez loin de vous les lâches. Filles de la terre des combats, vous ne pouvez vouloir qu'une descendance héroïque et généreuse.

« Que les peureux, les doctrinaires s'en aillent traîner ailleurs leur servilisme et leur honte.

« Le peuple italien est désormais maître de lui. Il veut être frère des autres peuples, mais en gardant le front haut; il ne veut ni ramper, en mendiant sa liberté, ni se mettre à la remorque de personne; non, non, non, cent fois non.

« La Providence a fait don de l'Italie à Victor-Emmanuel, chacun doit se rattacher à lui, se grouper autour de lui. En face du roi galant-homme, chaque rivalité doit cesser, chaque rancune disparaître. Une fois encore je vous répéterai mon cri : aux armes! tous, tous!!

« Si le mois de mars de 1861 ne trouve pas

debout un million d'Italiens, pauvre liberté, pauvre existence italienne! Mais loin de moi une pensée qui me tue comme un venin! Mars prochain et, s'il le faut, février, trouvera chacun à son poste.

« Italiens de Calatafimi, de Palerme, du Volturne, d'Ancône, de Castelfidardo, d'Isserrica, et, avec nous tout habitant de cette terre qui n'est ni lâche ni servile, pressez-vous tous autour du glorieux soldat de Palestro, et nous imprimerons la dernière secousse, nous porterons le dernier coup à la croulante tyrannie.

« Recevez, jeunes volontaires, reste honoré de dix batailles, ma parole d'adieu! je vous l'adresse du plus profond de mon âme. Je dois aujourd'hui me retirer, mais pour peu de jours. L'heure du combat me retrouvera à vos côtés, près des soldats de la liberté italienne.

« Que retournent à leurs demeures ceux-là seulement que réclament les devoirs impérieux de la famille et ceux qui, glorieusement mutilés, ont des droits à la reconnaissance de la commune patrie. Ils pourront la servir encore dans leurs foyers, par le conseil et par l'aspect des nobles cicatrices ornant leur front de vingt ans. A l'exception de ceux-là, que tous restent sous les glorieuses bannières !

« Nous nous retrouverons bientôt pour marcher ensemble à la délivrance de nos frères encore esclaves; nous nous retrouverons bientôt pour marcher ensemble à de nouveaux triomphes.

« Naples, le 8 novembre 1860.

« J. Garibaldi. »

Plus d'un volontaire, en lisant ces adieux, essuie une larme furtive et laisse échapper un soupir : cette trêve de quatre mois lui paraît insupportable et son esprit se reporte constamment vers Venise, qui souffre et qui attend; vers Venise, qui compte ses jours d'esclavage, et qui, dans un élan sublime, vient d'adresser ce manifeste, en signe de communion, au peuple napolitain.

« Quand vous recevrez le salut fraternel de la pauvre Vénétie, le roi d'Italie sera parmi vous, et vous le saluerez avec votre joie, vous le bénirez avec vos larmes. Réjouissez-vous, ô frères ; elle est bonne, elle est grande votre joie : ne troublez point votre pensée au souvenir de l'infortunée Venise et de sa tristesse.

« Venise aujourd'hui se réjouit avec vous et pour vous. Elle sait qu'aujourd'hui vous vous réjouissez pour elle.

« Venise souffre toute la honte de la domination étrangère, mais elle est indomptable et forte. L'Autriche peut la meurtrir, mais la ployer, jamais.

« Venise ne se plaint pas, elle attend.

« Venise ne gémit point, parce qu'elle croit et qu'elle espère.

« Elle croit et espère en vous, en elle-même, en notre roi, dans la valeur de l'armée, dans l'enthousiasme du peuple.

« Venise se rappelle qu'elle a donné son sang pour vous, et elle sait que vous donnerez le vôtre pour elle, pour sa liberté. Venise sait que vous vous réjouissez, non-seulement pour Naples, mais parce que l'Italie est faite dès ce jour.

« C'est l'Italie qui s'avance. C'est le roi d'Italie qui vient à Venise.

« Naples sera sa voie, et nous la lui avons ouverte avec le sang de nos volontaires, à cette heure héros glorieux.

« L'élan impétueux de vingt-trois millions d'Italiens peut seul briser les chaînes de ceux qui en sont encore chargés.

« Et nous vous attendons.

« Et nous savons qu'aujourd'hui toute l'Italie se souviendra de Venise.

« Dites en notre nom au roi d'Italie, dites à Garibaldi, dites à l'armée, dites aux volontaires, dites à tous les Italiens libres que la pensée et le cœur de Venise sont avec eux ; — que leurs victoires sont nôtres, nôtre leur joie, nôtre leur solennité, parce que nous savons que les projets, les douleurs, les aventures de Venise sont les projets, la douleur, les aventures de l'Italie.

« Venise, le 2 novembre, le deuxième de nos morts (la Toussaint). »

Camp de Santa-Maria, le 9 novembre.

Dans l'après-midi, je reviens trouver mes compagnons à la ferme de la Paille. Rien n'y est changé : boire, manger, fumer, causer et dormir ; voilà maintenant la vie de tous les jours, sauf de légères variantes dans l'ordre de ces intéressantes occupations. Nous profitons de ces loisirs pour adresser au général Turr la lettre suivante :

« Général,

« En venant volontairement servir la cause de l'indépendance italienne, nous prenions vis-à-vis de nous-mêmes l'engagement de rester à l'avenir les compagnons d'armes de tous les peuples qui se lèvent au nom de leur nationalité violée ou opprimée.

« A l'heure où la Hongrie se prépare à déployer encore le glorieux drapeau qu'une coalition de tyrannies avait pu seule momentanément abattre, nous venons donc, général, à vous, qui, après avoir été l'un des héros de l'unité italienne, devez être l'un des sauveurs de la liberté hongroise, — offrir le concours d'un corps qui, s'il n'a pas acquis toute la gloire qu'il ambitionnait, a du moins la conscience de n'avoir jamais manqué de dévouement.

« Le chef dont nous déplorons la perte, en souffrant pour la liberté de la France, et en mourant pour l'affranchissement de l'Italie, est devenu pour nous le porte-étendard de la fraternité armée, et nous sera, mort, comme il était vivant, un glorieux exemple de courage, d'abnégation et d'honneur.

« Le premier jour donc où la Hongrie vous appellera à son aide, dites un mot, général, faites un signe, et la compagnie de Flotte sera heureuse et fière de suivre aux bords de la Tisza le brave qui, le premier, lui a rendu justice aux bords du Volturne. » . . . . .

Naples, le 12 novembre.

Le roi-galant-homme, après avoir reconnu que les soldats de Garibaldi—ont bien mérité de la patrie et de lui,—vient de décréter leur licenciement — avec trois mois de solde. Les officiers seuls seront conservés de droit après examen préalable.

Je suis témoin, ce soir, au *Café du Commerce*, d'une conversation pleine d'une charmante ironie, qui a lieu entre plusieurs volontaires de la compagnie de Flotte, dignes représentants de l'esprit gaulois à Naples.

L'un d'eux commente à sa façon les formes du décret de licenciement.

Un autre explique, dans un langage pittoresque, que les garibaldiens ont pris la place de Capoue, et que les Piémontais ont pris la place..... des garibaldiens.

Naples, le 13 novembre.

Ce matin, le roi, accompagné d'un nombreux état-major, a passé, au champ de mars, la revue de ses troupes et de la garde nationale. Grâce au temps, cette revue a été magnifique, et le roi chaudement acclamé.

Naples, le 16 novembre.

Malgré les décrets royaux rendus cette semaine je suis encore à me demander : que fera-t-on de l'armée de Garibaldi? la licenciera-t-on? la réorganisera-t-on?

Selon moi, la licencier est une faute et une ingratitude.

Une faute, car, l'Italie a plus que jamais besoin de soldats, et l'Italie en produit moins que tout autre pays. De plus, ces hommes licenciés, aigris et irrités, augmenteront les causes de division, au moment où l'union est le premier des devoirs.

Une ingratitude ; c'est-à-dire, une mauvaise action, et pour le peuple, une mauvaise action, c'est plus qu'une faute. Est-il besoin de rappeler ce qu'a fait cette armée : n'a-t-elle pas payé d'un des plus riches royaumes de l'Europe le droit de verser encore son sang pour la liberté? Celui qui a reçu de la main de Garibaldi la couronne napolitaine, ne peut pas le lendemain lui dire, : « Va, je ne te connais pas. » L'existence de l'armée ne peut donc être mise en doute ; mais il faut la réorganiser, car elle n'existe que par ses victoires, son dévouement et la reconnaissance de l'Italie.

En effet, militairement parlant, c'est-à-dire au point de vue du métier, elle reste à créer entièrement : discipline, organisation, instruction, voire même l'habillement, l'armement, l'équipement, tout manque à cette armée jusqu'à présent : on n'y connaît que l'audace et le courage.

Dans les volontaires de Garibaldi, qui, licenciés et mécontents, pourraient devenir un danger, l'armée du nouveau royaume d'Italie puiserait assurément des éléments de force et d'action qui lui font aujourd'hui défaut.

Le Piémont organiserait facilement avec eux des corps francs chargés d'intercepter les vivres, en coupant les convois ; de harceler jour et nuit les troupes ennemies, d'enlever les détachements, de pousser des reconnaissances, de tenter des débarquements sur les points mal gardés ; de provoquer des soulèvements.

Comme unité de force, on pourrait prendre

le bataillon, et, comme unité d'action, le régiment composé de quatre bataillons, sous les ordres d'un colonel; de cette façon trois bataillons entreraient en ligne, le quatrième serait de réserve, et l'on ne sortirait pas du grand principe d'unité de tactique admis pour la formation des corps d'armées.

Deux de ces régiments feraient une bonne brigade, et quatre, une excellente division. C'est là toute l'extension que l'on devrait donner pour commencer à ces corps francs ou Zouaves appelés surtout à agir en Hongrie, dans le cas où les idées de Garibaldi s'accompliraient, tout en restant au service de l'Italie.

J'ai cru devoir dire quelques mots sur ce sujet en vue des prochaines éventualités et dans l'intérêt de la cause italienne et de la cause hongroise, qui sont en ce moment étroitement liées l'une à l'autre.

Je reviens maintenant aux décrets royaux concernant l'armée de Garibaldi. Le licenciement pur et simple a été décrété; mais ce décret a été aussitôt rapporté pour faire place à un décret de réorganisation qui sera probablement modifié à son tour, car ici rien n'est durable. On passe son temps à faire et à défaire.

Le roi doit accomplir dimanche son entrée solennelle à Naples. Les préparatifs sont enfin terminés : arcs de triomphe, statues, drapeaux, panoplies se multiplient à l'infini. Cela tient de la féerie.

Garibaldi est attendu demain à Naples. Alexandre Dumas est allé le chercher, avec son yacht, dans l'île de Caprera.

On a arrêté l'autre soir, dans la rue de Tolède, quatre-vingts lazzaroni qui criaient : « *Viva Francesco secondo! abasso Vittorio-Emmanuele!* » et cela à raison de dix centimes par cris.

Le roi de Gaëte vient d'écrire au clergé une lettre dans laquelle il déclare que la famille royale est constamment prosternée aux pieds de l'Eternel pour invoquer sa clémence en faveur d'un peuple envahi par une horde de condottieri..... Cela, toutefois, ne l'empêche pas de faire ses malles et de songer à partir pour l'Espagne.

Naples, le 18 novembre.

L'armée de Garibaldi a donné lieu à trois décrets royaux :

Le premier l'a licenciée purement et simplement, sans aucune autre forme de procès.

Le second a ordonné son organisation ; mais il a été publié avant le premier, ce qui fait que la promesse de conserver les prérogatives accordées à l'armée garibaldienne est complétement illusoire, du moins quant à la masse.

Enfin, le troisième a modifié les deux premiers, en ce sens qu'il laisse liberté pleine et entière aux garibaldiens, ou de rester dans l'armée régulière avec leurs droits et grades acquis légitimement ou de retourner chez eux avec six mois de solde.

A l'égard des officiers, une commission mixte sera constituée pour vérifier leurs brevets et voir quels sont ceux qui peuvent rester au service. Cette commission siégera jusqu'au printemps prochain, ce qui permettra aux incapables et aux mécontents de se retirer avec les honneurs de la guerre.

Ce qui paraît certain, c'est que Victor-Emmanuel est personnellement fort bien disposé pour l'armée garibaldienne. L'un de ces jours derniers, il a même été jusqu'à dire à quelques-uns de ses généraux qui blâmaient ses bonnes dispositions : « Messieurs, quelle qu'elle soit, j'aime cette armée, à cause des immenses services qu'elle a rendus à la patrie; je ferai pour elle et son généreux chef tout ce qu'il me sera possible de faire. » (Textuel.)

Les ministres Fanti et Cassini sont à Naples depuis hier.

Il n'y a point eu d'entrée solennelle du roi à Naples, comme on l'avait annoncé. Malgré cela, les préparatifs ont été achevés de la façon la plus brillante : arcs de triomphe, trophées, drapeaux, tentures, ont été répandus à profusion dans les principales voies.

Je lis cette devise sur l'arc de triomphe de la place Royale (au-dessus de deux grandes peintures représentant la ville éternelle et la cité des doges) : *Quand Venise et Rome appar-*

tiendront à la grande famille italienne, l'Autriche sera moins faible et le pontife sera plus grand !

Au-dessous d'un buste de Napoléon III, placé en face du palais d'Angri, je lis cette autre devise mémorable : *L'Italie sera libre des Alpes à l'Adriatique!*

J'ai vu promener vers six heures, un bateau allégorique richement pavoisé, rappelant le débarquement de Marsala. Son apparition a provoqué un ouragan d'acclamations patriotiques, et ce nouveau vaisseau de l'Etat a failli un instant naviguer sur un océan de têtes, tant la foule se pressait sur son passage.

A neuf heures, je suis témoin d'une grande manifestation en l'honneur de Victor-Emmanuel. Le peuple, portant des torches et des drapeaux, s'est rendu jusque sous les fenêtres du Palais-Royal, en criant : *Viva Vittorio-Emmanuele, imperatore dell' Italia una et indipendente!*

On s'attendait à voir paraître le roi au balcon ; mais l'attente ayant été déçue, le peuple s'est dispersé dans la rue de Tolède par groupes de vingt à trente hommes, en criant toujours : *Viva Garibaldo! (Garibaldi!) viva l'Italia una! viva nostro re Vittorio-Emmanuele!* etc., etc., une litanie interminable de noms et de titres écorchés par les voix les plus désagréables du monde.

Par le temps qui court, tout est permis, voire même l'éloquence en plein vent ; car plusieurs citoyens improvisent de longs et indigestes discours sur les bienfaits du nouveau gouvernement : discours qui, comme toujours, sont interrompus mille fois par les applaudissements du naïf auditoire.

Garibaldi est resté à Caprera : on s'attendait à le voir ces jours-ci à Naples ; mais il paraît qu'il a remis son voyage à une autre époque. Peut-être pressent-il qu'on aura encore besoin de lui pour apaiser certaine réaction morale qui couve sourdement et aussi pour réveiller de nouveau le patriotisme des Napolitains.

Santa-Maria, le 20 novembre.

Je profite de la beauté de la nuit pour aller

explorer en égoïste les ruines majestueuses de l'amphithéâtre de Capoue, ces ruines dont l'aspect imposant a l'air d'insulter aux proportions mesquines de nos édifices modernes.

Il fait un clair de lune splendide, un clair de lune tel que je n'en ai jamais vu dans nos froides régions de France. D'ailleurs, sous ce ciel du Midi, la nuit succède si rapidement au jour, qu'il n'y a point de crépuscule comme dans le Nord : le soleil disparaît presque soudainement, et les ombres de la nuit ne tardent pas à envelopper de leurs voiles mystérieux toute cette riche terre de la Campanie.

Les étoiles brillent au zénith; c'est le soir, c'est la nuit ! Plus de bruit : un silence absolu.

Naples, le 24 novembre.

Sous les auspices de Klapka, et en dépit de l'attitude hostile de la Russie, la question hongroise semble marcher rapidement vers une solution.

Les Hongrois s'organisent en ce moment à Nola et à Sorrente. C'est à peine si les bateaux suffisent pour les amener à Naples. En les voyant, on croit sincèrement à la résurrection de leur patrie. Quels hommes et quelle ardeur! Que les Italiens s'inspirent encore de leur exemple, et la Vénétie ne tardera pas à être libre... Le proverbe qui dit « *Chi va piano va sano* » n'est plus de saison.

Il Popolo d'Italia, dans son numéro d'hier, consacre un article au colonel Rustow, dont j'ai plusieurs fois entretenu les lecteurs de l'*Opinion nationale*. Il s'étonne aussi que cet homme, si remarquable à plusieurs titres, n'ait pas été promu au grade de général, et il se demande quelle est la cause de cette ingratitude.

La raison, je l'ai donnée sans méchanceté : — le colonel Rustow est étranger. . . . . .

Naples, le 30 novembre.

L'anniversaire de la révolution polonaise a été célébré hier dans un banquet donné à l'hôtel de Russie.

Le général Mieroslawski avait invité Français, Italiens, Anglais et Hongrois; mais ces derniers ont fait défaut : leur absence a été vivement remarquée.

Des toasts chaleureux ont été portés à la résurrection de la Pologne, à l'indépendance italienne, à l'alliance anglo-française. La soirée s'est terminée par des chants patriotiques.

Naples, le 5 décembre.

On signale une recrudescence dans le parti réactionnaire.

Ce soir, il y a une forte manifestation contre le ministre de la police. Le peuple ne cesse de crier : *A bas le ministre de la police! Vive Garibaldi!* Des piquets de soldats viennent pour disperser l'attroupement; mais le peuple fait bonne contenance et ne se retire que par lassitude.

Au théâtre Nuovo les Garibaldiens se mettent à chanter l'*Hymne de Garibaldi*. Les baïonnettes piémontaises interviennent. On crie : *A bas les baïonnettes!...* Et le tumulte s'apaise de lui-même.

La nuit, de fortes patrouilles parcourent la ville et les environs; ce n'est pas, du reste, sans raison, car les assassinats sont de plus en plus fréquents.

Il y a huit jours, non loin d'Aversa, un capitaine garibaldien et son ordonnance ont été trouvés morts sur la route; ils avaient été assaillis par une bande de paysans, et, malgré leur énergique résistance, ils avaient succombé sous le nombre.

La nomination de Nunziante au grade de lieutenant général cause ici une pénible impression. Si les ennemis de la liberté sont récompensés, que fera-t-on pour ceux qui l'ont fondée au prix de leur sang?

Les employés de l'ancien gouvernement ont été replacés sans le moindre choix. Garibaldi avait eu le soin de se débarrasser de tous ces hommes; mais la lieutenance s'est montrée moins austère, et il est à craindre qu'elle ne s'en repente bientôt.

Victor-Emmanuel est en Sicile, où il a été accueilli, dit-on, avec beaucoup d'enthousiasme.

La *Cigale politique* de Milan, dans un de ses derniers numéros, donne une gravure représentant l'Italie conduisant la Hongrie enchaînée dans l'île de Caprera, où Garibaldi est en train de repasser son sabre.

« Viens, sœur, dit l'Italie à la Hongrie, cet homme feint de se reposer ; mais il se prépare à combattre pour toi. »

Cette gravure a beaucoup de succès à Naples ; et si je note ce fait, c'est qu'il me semble indiquer la disposition générale des esprits.

Naples, le 6 décembre.

Le *Popolo d'Italia* publie la déclaration suivante :

« Nous savons que dans quelques démonstrations de ces derniers jours, occasionnées par les fautes du gouvernement actuel, s'est fait entendre parfois le cri de « Vive la « République ! »

« Nous soussignés, interrogés par nos amis politiques, déclarons que nous désapprouvons aujourd'hui ce cri, non parce qu'il n'exprime pas la plus haute aspiration de nos âmes; mais parce qu'il pourrait actuellement rompre le faisceau des volontés populaires, et fournir aux aveugles partisans du ministère et aux adversaires de l'unité nationale un prétexte pour retarder l'accomplissement du devoir qu'a la nation envers Rome et Venise.

« Philippo de Bossi, Giuseppe Libertini, etc. »

Naples, le 8 décembre.

A l'occasion de la fête de l'Immaculée-Conception, tous les magasins sont fermés et tous les fidèles à l'église. La garde nationale est sous les armes.

C'est aujourd'hui également l'anniversaire de l'attentat d'Agésilas Milano, qui frappa le vieux roi de Naples d'un coup de baïonnette; quelque légère qu'ait été la blessure, le peuple napolitain croira toujours que le roi est mort des suites de cette blessure, la baïonnette de Milano étant, d'après le bruit populaire, empoisonnée.

L'*Indipendente* annonce avec joie un nouvel hommage rendu au libérateur des Deux-Siciles.

Le capitaine de Kersausie (neveu de la Tour-d'Auvergne) est venu à Naples, pour offrir, tant en son nom qu'en celui de sa famille, au vainqueur de Calatafimi et de Milazzo, l'épée offerte au premier grenadier de France par les trois consuls Bonaparte, Lebrun et Ducós.

Cette offrande nationale, arrivant dans les mains de Garibaldi, après avoir passé par celles de la Tour-d'Auvergne, n'est-ce pas un nouveau gage de la fraternité qui unit la France et l'Italie ?

Le général Mieroslawski est chargé de remettre, au nom de Kersausie, l'arme précieuse au général Garibaldi[1].

---

[1] Voici un fragment de la lettre par laquelle l'ex-dictateur exprime sa gratitude de ce don précieux :

« Caprera, le 2 janvier.

« J'ai reçu l'épée de la Tour-d'Auvergne, cette épée que

Il est question d'ériger un monument à Garibaldi à mi-chemin de Santa Maria et de Sant'Angelo. Tous les volontaires de l'ex-armée méridionale souscriront avec bonheur pour l'érection de ce monument, destiné à rappeler l'une des plus belles pages de l'histoire italienne.

Le célèbre général hongrois Vetter a visité ces jours-ci les champs de bataille du Volturne et du Caragliano. Il est parti pour Corfou avec une mission secrète.

Naples, le 9 décembre.

Il circule en ce moment une pétition au

les consuls de la République décernèrent au plus brave de l'armée française..., au plus brave de cette armée qui foulait sous ses pas de géant et ensevelissait dans la poussière trônes et tyrans de l'Europe !

« Cet honneur passe tout ce que les aspirations d'un homme de guerre peuvent rêver.

« Je l'accepte, non-seulement avec toute la gratitude dont je suis capable, mais, de plus, comme un signe de sympathie de la France humanitaire aux nationalités opprimées.

« L'initiative des grandes réformes politiques qui doivent consacrer la fraternité des peuples appartient encore à la France. »

roi, déclarant que le gouvernement de Farini est impopulaire, et que, si l'on n'y remédie pas, on ne répond nullement de ce qui arrivera. Il paraît même que l'agitation commence déjà à se répandre sourdement en Calabre, à cause du retour des employés de l'ancien gouvernement.

On se plaint beaucoup aussi de ce que, malgré son innocence reconnue, le docteur Antonio Conforti di Montebello reste incarcéré sous l'accusation de faux et de fraude, tandis que le général Ghio, — arrêté, par ordre de Garibaldi, comme étant l'auteur de l'infâme exécution de Sanza, — vient d'être mis en liberté [1].

Santa Maria, le 11 décembre.

En passant à Aversa j'apprends qu'une réaction bourbonienne a eu lieu hier soir dans cette ville. Les garibaldiens, pris à l'im-

---

[1] Ghio est celui qui, en 1857, fit fusiller sans jugement les vingt-cinq compagnons du malheureux Pisacane.

proviste, ont eu deux des leurs tués, plus cinq blessés. Ceci est le pendant de l'affaire de Caserte, il y a huit jours, affaire qui a vu tomber bon nombre d'hommes des deux camps. Quoi qu'il en soit, je persiste à croire que ces réactions sont faites par des misérables à la solde de François II. Demain, moyennant une rétribution supérieure, ils tueraient volontiers leurs propres chefs de file...

Naples, le 14 décembre.

Grand tapage à San Carlo !...

Après le premier acte du *Poliuto*, les garibaldiens réclament l'*Inno di Garibaldi*. Les musiciens n'obéissant pas, les volontaires se jettent alors dans l'orchestre, s'emparent des instruments et commencent, qui à racler sur les violons et les contre-basses, qui à souffler dans les cors et les trompettes; ensuite, ils montent sur la scène, et, tandis que quelques-uns cherchent le surintendant, d'autres courent après les choristes qui se sont enfuis.

La garde nationale, prévenue de ce qui se

passe, arrive en fredonnant l'hymne séditieux ; mais le commandant croit devoir réclamer le silence. Les garibaldiens s'écrient : « Nous sommes vos frères, vos amis, vos égaux ; nous sommes du peuple comme vous ! » La garde nationale, l'arme au bras, chante de nouveau l'hymne séditieux...

En ce moment arrive un agent de la police qui ordonne de suspendre le spectacle. Les garibaldiens demandent alors la restitution de leur argent ; mais l'argent a disparu avec le caissier. Nouveau tapage. Le public bat des mains et crie : *Evviva !*...

Naples, le 15 décembre.

Le bataillon de bersagliers de la garde nationale mobilisée de Brescia vient d'arriver à Naples avec cent cinquante prisonniers (paysans et soldats) qu'il a pris dans les Abruzzes.

Ce bataillon ressemble à s'y méprendre à un bataillon de bersagliers de l'armée régulière ; du reste, sauf le panache du chapeau, qui est bleu au lieu d'être vert, le costume est identiquement le même.

Il est reçu avec enthousiasme par la population et principalement par la garde nationale de la ville.

Il règne toujours ici un grand mécontentement contre le gouvernement de Farini, qui soumet sans transition les Napolitains aux lois piémontaises.

Naples, le 16 décembre.

Ce matin a lieu, au Champ de Mars, en présence du roi, entouré d'un nombreux état-major parmi lequel je remarque les généraux della Rocca et Fanti, la bénédiction des drapeaux de la garde nationale.

L'*Inno di Garibaldi* n'est décidément pas en odeur de sainteté parmi les hommes du pouvoir actuel. *Pour en empêcher la reprise à San Carlo*, le préfet de police vient d'ordonner la fermeture des théâtres pendant la neuvaine de Noël... Bienheureuse neuvaine, comme tu arrives à propos!... Mais cette défense n'empêche point la musique de la garde nationale de jouer cet hymne pendant la cérémonie.

Naples, le 22 décembre.

De tous côtés, nous recevons des nouvelles de la Hongrie qui nous signalent des troubles à Szghedin, à Nagykoros, à Arad, à Csongrad, à Vaitzen, à Prague, à Bude, à Pesth ; partout enfin, c'est un soulèvement général et une malédiction unanime contre l'Autriche.

Ce matin sont arrivés à Naples soixante-quatre Hongrois déserteurs venant de la frontière lombardo-vénitienne. Partis au nombre de quatre-vingt-deux, ils ont été arrêtés à Peschiera par des soldats autrichiens, et forcés de se battre en désespérés : dix-huit des leurs sont tombés dans la lutte.

Naples, le 23 décembre.

Au jardin public j'entends jouer, par la musique piémontaise (mes oreilles ne me trompent-elles pas?)... l'*Inno di Garibaldi*. Que signifie ce revirement?... Un Napolitain, dans l'excès de sa joie, crie à tue-tête : *Viva la pizza*[1]*!*

L'affaire de San Carlo a amené la démission du préfet de police ainsi que celle de deux commissaires de police (démission est le mot poli : le mot vrai serait destitution). C'est M. de Nardis qui succède à M. de Blasio : sera-t-il plus heureux que son prédécesseur ?

Un décret du 21 appelle sous les armes les individus des provinces napolitaines (y compris la Sicile) formant les cadres de la conscription pour les années 1857, 58, 59 et 60. Ils devront être rendus au dépôt général de Naples au mois de janvier prochain, sous peine d'être déclarés déserteurs et punis comme tels.

Le même décret institue un dépôt de sous-lieutenants pour les officiers de ce grade appartenant à l'armée garibaldienne qui voudront entrer dans les cadres de l'armée régulière.

---

[1] Espèce de gâteau.

Ces mesures semblent indiquer évidemment de la part du gouvernement la résolution d'organiser son armée le plus promptement possible, afin d'être en mesure de répondre aux éventualités.

Le général Pinelli a déjà dispersé une partie des sanfédistes et réactionnaires des Abruzzes. Tous les jours, nous voyons arriver à Naples quantité de prisonniers ayant appartenu à ces bandes.

Rien de nouveau à Gaëte. Le roi continue seulement à faire de belliqueuses proclamations à ses fidèles soldats et à envoyer des notes diplomatiques aux puissances européennes... Que viendraient donc faire les puissances dans cette maudite galère appelée Gaëte?...

Il résulte de documents authentiques que l'armée garibaldienne a coûté quarante millions en tout, y compris les indemnités accordées aux soldats licenciés et aux officiers démissionnaires.

Naples, le 24 décembre.

Malgré la pluie qui ne cesse de tomber, les rues sont remplies de marchands de poisson, et les anguilles s'enlèvent en l'espace de deux heures.

Vers cinq heures, le vacarme commence : pétards et coups de fusil vous poursuivent de tous côtés.

A neuf heures, les officiers de la légion française se réunissent dans un banquet à l'hôtel de la Grande-Bretagne. Le dîner est fort animé.

On porte de nombreux toasts à l'indépendance des peuples et à l'espoir de se revoir l'année prochaine sur de nouveaux champs de bataille.

Le colonel dit ces quelques mots :

« Je profite de notre heureuse réunion pour vous remercier du concours que vous m'avez prêté durant la campagne qui vient de s'écouler. J'espère que nous nous retrouverons bientôt ensemble dans un autre pays pour la sainte cause de la liberté.

« Dégagés de toute ambition personnelle, nous nous devons avant tout à l'indépendance des peuples ; mais, une fois notre tâche finie, nous ne devons en aucune façon nous occuper de la forme du gouvernement à donner aux peuples affranchis : c'est à eux et non à nous à se charger de ce soin. Pour rester fidèles à notre principe, nous devons respecter chez les autres ce que nous demandons à voir respecter chez nous ! » (Bravo ! très-bien ! Vive le colonel ! vive la liberté !)

M. Charles Paya, du *Siècle*, prononce ensuite cette courte improvisation :

« Messieurs, il y a parmi les hommes deux sortes d'ambition : l'ambition égoïste qui fait chercher sa propre satisfaction par les moyens les plus faciles, et l'ambition que j'appellerai noble, qui porte à combattre, à travers les épreuves de tout genre, pour le bien, la justice et le droit.

« En politique, l'ambition égoïste fait

épouser la cause du vainqueur; l'ambition noble entraîne, au contraire, les âmes généreuses vers la cause des vaincus, qui est souvent, si elle ne l'est toujours, la cause de l'honneur et de la vertu.

« Les garibaldiens ont préféré l'ambition noble à l'ambition égoïste. Dans la carrière qu'ils ont embrassée ils pourront ne pas trouver les douceurs qu'une carrière opposée leur aurait procurées; mais l'histoire les glorifiera pour leur noble dévouement. Elle les glorifiera surtout si, grâce à eux, comme je l'espère, les peuples finissent par s'appartenir au lieu d'appartenir aux rois.

« Je ne fais donc, messieurs, que devancer ce que diront un jour les écrivains qui parleront de ces héroïques enfants de tous les pays, en vous demandant la permission de porter un toast

« Aux volontaires garibaldiens! » (*Nouveaux et chaleureux applaudissements.*)

Parlant à mon tour, j'ajoute simplement :

« Français avant tout, — d'origine et de

cœur, — je bois d'abord à la prospérité de la France.

« Comme soldat cosmopolite, je bois ensuite à l'indépendance de tous les peuples, et en premier lieu — à celle de la Vénétie, de Rome, de la Hongrie et de la Pologne ! »

Comme au banquet polonais, la soirée se termine par des chants patriotiques en l'honneur de tous les peuples.

Naples, le 25 décembre.

La troupe française de Turin, dirigée par M. Meynadier, donne ce soir sa première représentation au théâtre del Fondo. Nos artistes jouent d'une façon charmante les *Pattes de Mouche* et les *Deux Aveugles*. Ils sont fort applaudis.

Le roi, le général della Rocca, le général Fanti et l'amiral Persano assistent à cette représentation, à laquelle, du reste, la plus brillante société s'est donné rendez-vous.

Naples, le 26 décembre.

Le roi part demain pour Turin, emmenant avec lui le général Fanti et son état-major. Della Rocca reste à Naples.

La garde nationale donne ce soir un bal à la Foresteria, en l'honneur du roi galant-homme.

Les bataillons mobilisés de la garde nationale de Turin et de Florence sont attendus demain.

Naples, le 1ᵉʳ janvier 1861.

A l'occasion du premier de l'an, l'*Indipendente* de Dumas souhaite à la ville :

Le départ de François II (de Gaëte) ; — le retour de Garibaldi à Naples ; — des hommes et des institutions en harmonie avec ses besoins nationaux ; — des élections qui représentent réellement l'esprit public ; — une police mieux faite ; — des rues moins sales le jour et plus éclairées la nuit ; — la résurrection du commerce ; — la création de l'industrie ; — l'amélioration de l'armée ; — l'ouverture d'un théâtre national, etc., etc.

Pompéi, le 2 janvier.

Je fais mes adieux à Pompéi, et, malgré moi, je ne puis m'empêcher cette fois de songer à sa triste fin.

Naples, le 5 janvier.

Avant de quitter le royaume de Naples, je tiens à consigner ici mes impressions sur les mœurs et le caractère des habitants de la Sicile et de la terre ferme. Ce sera ma réponse à ceux qui ont loué et louent encore le gouvernement des Bourbons italiens.

Ce qui frappe tout d'abord, c'est la faible quantité de gens instruits qu'on rencontre dans la capitale d'un État qui ne manquait certes pas d'importance, et chez un peuple mobile et sans énergie, mais vif et intelligent. Au reste, les écoles y sont en très-petit nombre, et encore celles qui existent sont-elles fort insuffisantes, l'instruction qu'on y donne étant purement religieuse[1].

« L'instruction est l'œuvre même de Satan, » disait un jour l'évêque de Sorrente à la table du roi Bomba. Cette réflexion d'un prince de l'Église ne porte-t-elle pas avec elle tout un enseignement?

Trois plaies qui auraient pu compter parmi celles qui désolèrent l'Égypte, trois plaies, dis-je, rongent ce malheureux pays; ce sont: le clergé, la mendicité et la prostitution.

Je ne nie pas les bonnes intentions d'une certaine partie du clergé, du bas clergé surtout; mais je lui reproche d'être trop nombreux, et dès lors de vivre aux dépens de la classe laborieuse. Tous les étrangers sont unanimes pour déclarer que les prêtres et les moines forment un vingtième de la population. Pour mon compte, à Sapri, village de cinq cents âmes environ, j'en ai compté vingt-

---

[1] Un décret récent a rendu l'instruction primaire obligatoire dans les Deux-Siciles. Ce premier décret a institué un instituteur et une institutrice dans chaque commune.

trois ou vingt-quatre, tous présentant l'aspect de la plus florissante santé.

Dans la basse Italie, le prêtre fait partie intégrante de la famille. J'ajouterai maintenant, pour être vrai jusqu'au bout, que, moins instruit que le clergé français, il est aussi moins dangereux et plus facilement dominé par l'opinion publique.

Parlerai-je à présent des couvents et des monastères? Garibaldi, par un décret, les a détruits et a confisqué leurs biens; mais cette mesure n'a pas reçu son exécution, et rien ne semble changé à cet égard au moment où je consigne mes observations.

Partout ils pullulent et jouissent d'immenses immunités sans rapporter à la nation le moindre bénéfice moral ou matériel. Loin de là : par leurs exemples, ils entretiennent l'esprit de paresse et d'égoïsme, déjà si grand dans ces contrées.

La mendicité est ignoble à voir. Vous ne pouvez faire deux pas dans la rue ou ailleurs sans être arrêté ou par un mendiant ou par un infirme, qui vous poursuit du regard et du geste, quand il ne court pas après vous, en étalant à vos yeux, comme un titre de gloire (ce qui souvent n'est que le résultat de la débauche), un membre informe, un moignon gangrené ou une lèpre affreuse !

Quant à la prostitution, elle est à Naples et à Palerme principalement d'un cynisme dont rien n'approche : les mères vendent ouvertement leurs filles, les frères leurs sœurs, les maris leurs femmes ; et cet infâme trafic s'accomplit au grand jour, grâce à l'abstention de l'administration, qui n'a point, comme en France, réglementé et limité cette dépravation des mœurs. Dès l'âge de douze ou treize ans, on voit de malheureuses enfants exploitées par leur propre famille. Londres n'est rien en comparaison de Naples : entre les deux villes il y a la distance du pôle nord au pôle sud.

L'ignorance, l'abrutissement, la misère, ont enlevé aux malheureux qui vivent de ce métier tout sentiment de moralité, de devoir. C'est à peine si l'entraînement de la guerre de l'indépendance a pu réveiller quelques sentiments virils dans ces âmes flétries.

Voilà pourtant ce que peuvent quelques siècles de tyrannie et d'opprobre ! Loin d'exagérer les faits et les choses, je suis, au contraire (par un motif facile à deviner), forcé de les atténuer d'une façon notable.

Quand elles n'appartiennent pas à l'Église ou au clergé, les terres, dans les campagnes, sont la propriété de trois ou quatre seigneurs appelés *galantuomini*[1], qui tiennent tout le pays sous leur dépendance. Le servage, le régime féodal, existent donc comme chez nous avant 89, et le gouvernement, malgré son plus ou moins de bonne volonté, n'a encore rien fait pour remédier à ce déplorable état de choses.

Autre vérité triste à dire : Victor-Emmanuel ne peut guère compter sur les Napolitains pour achever l'œuvre nationale. Là où il y a engourdissement moral prolongé, le courage civique ne se montre jamais qu'après la régénération.

[1] Les *galantuomini* prétendent que le roi galant-homme ne peut rien changer à leurs affaires sans mentir à son nom : l'argument est spécieux.

On ne peut se le dissimuler, le caractère fondamental du Napolitain est l'indolence ; il aime à rire et à s'amuser, pourvu toutefois que le rire et l'amusement ne lui causent aucune fatigue. Quand ses moyens le lui permettent, il passe volontiers sa journée dans les rues, sur les places publiques et au théâtre ; en un mot, il ne se contente pas d'aimer le *dolce far niente*, il y consacre sa vie entière.

Le bon marché des vivres de première nécessité et la sobriété naturelle du peuple lui permettent aussi de vivre presque sans travail, et l'absence de besoins entretient son inaptitude à l'action. Avec trois piastres par mois il est facile à une famille de lazzaroni de se procurer un logement dans une cave, et de manger du macaroni depuis le matin jusqu'au soir.

Naples, le 4 janvier.

J'entends un de mes compatriotes tenir ce raisonnement devant un Napolitain :

« Vous me demandez, monsieur, si je ne regretterai pas Naples; eh bien, non, franchement, je ne regretterai pas Naples. Et d'abord, je n'aime pas les gens qui se signent devant toutes les madones accrochées dans les rues, et qui, le jour ou la nuit, ne se font point faute de vous assassiner lâchement, convaincus qu'ils sont que l'absolution d'un prêtre suffira pour les absoudre de leurs crimes.

« Chez vous, monsieur, l'assassinat est presque une profession : si vous êtes trop grand seigneur pour assassiner vous-même, vous payez à cette fin des gens patentés. Dans ce cas, l'homme est estimé d'après son rang et sa position; s'il s'appelle, par exemple, le duc San Donato (frappé sous les arcades de San Carlo, le 30 du mois dernier, au moment où il se rendait au Théâtre français), il vaut deux cents piastres; si, au contraire, c'est un simple particulier, l'affaire se conclut pour vingt piastres; et ainsi de suite jusqu'au pauvre garibaldien, qui, lui, vous le comprenez, ne se vend pas cher!... »

Je suis forcé d'avouer qu'il y a beaucoup de vrai dans les paroles de mon compatriote.

Naples, le 5 janvier.

Le cœur content, je m'embarque, à cinq heures, à bord du *Zuavo di Palestro*, qui va à Gênes.

En mer, le 6 janvier.

Le temps est bon. Nous marchons vite.

Après dîner, nous revenons sur le pont contempler la côte de Toscane et un magnifique coucher de soleil qui se perd derrière l'île d'Elbe.

Demain matin, nous arriverons à Gênes.

Gênes, le 7 janvier.

Il est sept heures, nous arrivons à Gênes, ma ville de prédilection.

Gênes est toujours le rendez-vous des garibaldiens. J'y retrouve bon nombre de mes vieilles connaissances. L'une d'elles me montre ce passage d'un article du *Diritto*, envoyé de Lucques le 5 de ce mois; je le traduis textuellement :

« Le confessionnal est le terrain sur lequel combat le clergé. Je vous citerai trois cas, et je suis prêt à donner les noms si on osait les nier.

« Dans l'église d'un couvent de cette ville, une pénitente, tout en s'excusant de professer des sentiments libéraux, objecta cependant que les prêtres eux-mêmes priaient pour le roi, dans l'*Oremus pro rege*. Mais le confesseur répondit : « Nous le faisons parce que nous y
« sommes forcés; et, quand vous entendez
« prier pour Victor-Emmanuel, vous devez au
« contraire prier dans votre cœur pour Fer-
« dinand IV. »

« Dans une église collégiale, une autre dame tenait à peu près le même discours que celle que nous venons de citer; le confesseur fit la réponse accoutumée : « C'est parce que
« nous y sommes forcés; » puis il l'invita, à l'occasion de la prière pour le roi, à de-

mander pour lui la punition qu'il a méritée du ciel.

« A ces détails j'ajouterai que la mère d'un volontaire tué à Santa Maria, ayant exprimé dans le confessionnal l'espérance que ses prières serviraient à l'âme de son fils, le confesseur, aussi fanatique que peu chrétien, lui dit sèchement : « Les prières sont inutiles; « votre fils est damné. » La pauvre mère, frappée au cœur par ces cruelles paroles, tomba évanouie. »

Dans le numéro suivant du même journal, je lis avec plaisir cette autre nouvelle, et c'est par là que je terminerai ce récit de mes souvenirs de campagne :

« Un curé de nos montagnes, dont je m'abstiens de vous dire le nom, pour ne pas l'exposer à la vindicte de ses chefs, devrait servir d'exemple à ses confrères. Ce vieux prêtre, étranger à tous les partis, ne lisant jamais les journaux, mais comprenant l'Évangile et aimant l'humanité, dans un de ses sermons disait à peu près ces paroles à ses auditeurs :

« Frères, réjouissez-vous; Dieu a pardonné

à l'Italie et l'a rachetée de l'esclavage de l'étranger. Elle va devenir une nation. Dieu lui a donné un roi italien, galant homme et guerrier, qui dispersera tous ses ennemis. Dieu a fait encore mieux, il a fait naître un grand homme, Garibaldi! oui, un grand homme, un second Josué. Aimez le roi et Garibaldi : l'Italie sera délivrée par eux, et Rome. . Oh! Rome! Rome est une ville superbe! j'y ai fait mes études, je la connais à fond : il y a trop de luxe; il s'y commet beaucoup d'injustices; il y a une grande tyrannie... J'en suis sorti indigné!... »

En attendant la reprise des hostilités, la chanson du printemps retentit dans toutes les villes de la Péninsule :

> Garibaldi è nel' Caprera,
> Sperando la primavera, etc.

« Garibaldi est dans son île de Caprera, — attendant le printemps prochain; — au mois d'avril il mettra son cheval sur la route, — et chacun sera prêt pour le grand bal; — nos ennemis ne pourront pas résister à cet homme envoyé par Jésus-Christ !... »

Pour moi, je dis toujours et quoi qu'il arrive : *Italiam.... Italiam !...*

FIN